"育"见劳动之美

——小学生劳动项目设计与实施

□ 鞠文玲　姚　芳 / 著

团结出版社

图书在版编目（ＣＩＰ）数据

"育"见劳动之美：小学生劳动项目设计与实施 / 鞠文玲, 姚芳著. -- 北京：团结出版社, 2024.1

ISBN 978-7-5234-0672-4

Ⅰ. ①育… Ⅱ. ①鞠… ②姚… Ⅲ. ①劳动课－教学研究－小学 Ⅳ. ①G623.92

中国国家版本馆 CIP 数据核字(2023)第 230953 号

"育"见劳动之美 ：小学生劳动项目设计与实施

出版发行：团结出版社

（北京市东城区东皇城根南街 84 号）

电　　话：(010)65228880 65244790

网　　址：http://www.tjpress.com

E－mail：65244790@163.com

经　　销：全国新华书店

印　　刷：武汉鑫佳捷印务有限公司

开　　本：145mm×210mm　　1/32

印　　张：6

字　　数：190 千字

版　　次：2024 年 1 月第 1 版

印　　次：2024 年 1 月第 1 次印刷

书　　号：978-7-5234-0672-4

定　　价：52.00 元

前 言

Preface

　　劳以树德、劳以增智、劳以强体、劳以育美，劳动教育有着综合且独特的育人价值。2022年，教育部印发的义务教育课程方案和劳动课程标准，全面阐释了劳动课程的性质、理念、目标、内容等，给予了学校开展劳动教育总的基本规范和质量要求。

　　如何促进劳动课程方案与课程标准更具实效的落地？此书围绕立德树人根本任务，基于劳动课程标准，重点遴选日常生活劳动、生产劳动、服务性劳动中的七大任务群（即清洁与卫生、烹饪与营养、家用器具使用与维护；传统工艺制作、新技术体验与应用；现代服务业劳动、公益劳动与志愿服务），结合学生实际生活情景进行项目统整与设计。每个劳动项目均以情景性任务为驱动、以跨学科学习为方式，从项目背景、项目目标、项目架构、项目内容、项目准备、项目设计、项目反思、评价量表七个维度进行细致阐述、举例说明。

　　劳动最光荣、劳动最崇高、劳动最伟大、劳动最美丽，我们便是想用项目设计、任务群学习等方式，来探索新时代背景下小学劳动教育实施的新路径、新样态。此书既有基于劳动课程标准落地实施的思考，也有基于不同学段的劳动项目设计示例，还有基于劳动项目的学习评价量规设计等，能够为中小学一线教师，特别是小学劳动教师，提供可借鉴的劳动课程建设与任务实施蓝本。

此外，该书以"'育'见劳动之美"为题，也是力求表达两层意思：一是开展劳动教育，既要重劳动之"体验"，也要重劳动之"教育"。基于劳动任务群所进行的项目设计与实施，便是我们开展劳动"育人"的切实行动；二是开展劳动教育，既为"育"见、也是"遇"见。在劳动教育过程中，引领孩子们感受劳动之美好、弘扬劳动精神、崇尚劳动、懂得劳动最光荣，并养成好的劳动习惯、获得好的劳动品质。

我们深知，立德树人并非一日之功，做好劳动教育也是任重道远。要实现劳动教育的序列化、长效化、常态化，我们还有很长一段路要走。该书从筹划到编著成册，汇集了一线教育工作者的智慧和劳动，在这里，衷心地为编辑及促成出版这本书而出力的所有人员道声感谢！

劳动教育的探索和实践在继续，本书难免存在着一些不足，恳请各位读者批评指正，我们将在研究和实践中不断完善。再次感谢您的关注和支持。

鞠文玲

2023 年 9 月

目录 contents

上 篇
问"源"明知

日常生活劳动

日常生活劳动是学生最原始最基本的技能，主要通过清洁与卫生、整理与收纳、烹饪与营养、家用器具使用与维护等任务群实施，强调通过家校结合的方式开展活动。当下，学生生活中所有跟文化知识学习无关的劳动，可能都被父母所替代，也出现了一些学生轻视劳动、厌恶劳动、不珍惜劳动果实的现象。我们有责任、有义务通过教学去影响、去改变这些学生对生活劳动的认知和态度，帮助他们树立正确积极的劳动价值观。

一、日常生活劳动的意义

1.更加有效率的生活

（1）灵活安排时间

日常生活劳动能帮助我们更好地安排自己的时间，摆脱杂务的纠缠，让生活不再杂乱无章，有条不紊地进行。

（2）提升生活品质

通过日常生活劳动来提高生活品质，比如采取科学的清洁手段，使得家里的室内清洁会让家庭生活更加和谐、愉快。

（3）有效节约

注重劳动细节，还可以帮助我们有效地节约我们的一些物质，使得我们能够节约能源，更加合理利用资源，达到节约的目的。

2. 让生活变得有意义

（1）学习技能

通过日常生活劳动，我们可以学习和锻炼一些使用生活用品的技能，比如烹饪、洗碗、擦桌子等，让我们变得更加熟练。

（2）增加自信

完成了一项日常生活劳动，可以让我们增加自信心，提高自己的能力和素质，从而更加坚强勇敢地面对生活中的挑战。

（3）获取成就感

完成了日常生活劳动，可以给我们带来莫大的成就感，让我们能够得到良好的心理满足，增强自身的信心，使我们在生活上获得更好的发展。

3. 自然状态下生活

（1）养成习惯

日常生活劳动有助于我们养成一些有益的习惯，比如早睡早起、合理饮食、及时学习等，让我们的身体和心灵得到及时调整。

（2）陶冶情操

日常生活劳动可以让我们时时刻刻保持一个良好的生活习惯，从而更加坚定高尚的品德，养成正确完美的自然生活状态，使我们更加有智慧、有礼貌。

（3）心理平衡

正确有效的日常生活劳动，可以让我们的身心得到一定的张力，避免过度焦虑和休克，使我们物质和精神均衡平稳，使我们的成长能够更顺利。

总之，日常生活劳动的意义重大，它能够更加有效率的生活，让生活有意义，还能够更好地保持自然状态下的生活，这些都有助于我们更好地应对生活中的一切挑战。只有真正把我们分配当准备完成日常生活劳动，才能够拥有一个健康美好的生活。

二、日常生活劳动的实施路径

1. 层层深入研发"阶梯式"课程

针对不同学段学生的年龄特征和生理心理特点，我们为小学、初中、高中三个学段的学生量身打造了生活劳动系列课程。从学生生活实际出发，有梯度地设置教学内容，让不同学段的学生都能获得生活能力的提升。在课程的设置上，我们本着"阶梯式"开发的原则，让学段课程有衔接、有梯度，逐步提高课程难度。比如面点类课程：小学开设《花样馒头》，初中开设《手擀面》，高中开设《中式蛋糕》；烘焙类课程：小学开设《桃酥制作》，初中开设《花样溶豆》《曲奇饼干》，高中开设《纸杯蛋糕》……让参训学生每一年都能在已有技能的基础上，学习更多的生活技能、技巧。

2. 开展有滋有味的生活劳动实践

打造"有营养"的课程，通过"链条式"的课程实施，体验"有滋有味"的劳动。依托农业园区的各种时令蔬菜和野菜，研发了从"辨别、采摘、择菜、清洗、烹制"的"链条式"课程——"美食每课（家常菜烹制）"。让学生走向广阔的田野，亲眼观察，亲身参与，这种来自源头的、立体的教育更能让学生感悟生活的艰辛，触及他们的心灵，促进他们在思想上尊重劳动者，珍惜劳动果实，在行动上积极响应厉行节约。

（1）劳动指导内容从学生实际需求出发

在组织学生开展校园日常生活劳动时，应注重关注学生的年龄特征，根据不同的年段安排相应的劳动内容，做到指导内容与实际需求相结合，以便于学生在真实的情境中学会并巩固劳动技能。比如指导低年级学生整理书包、收拾餐盘、用抹布擦桌子等，指导中年级学生整理储物柜、图书角，正确扫地、洗抹布、洗拖把等，指导高年级学生养护绿植、做好公共区域的卫生工作等。班级中，每个学生的劳动能力不尽相同，涉及的常规劳动项目繁多，因此，架构班级日常生活劳动教学指导内容时，应以学生做得不到位的事情、不会做的事情为依据，根据实际情况构建学习内容。

（2）劳动细节指导与经验学习相结合

针对学生在校园日常生活劳动过程中很多细节做不到位的情况，应注重劳动技能方面的细节指导，包括工具的使用、劳动时的动作姿态等。例如，在进行"清扫教室"活动时，教师指导学生做到以下几点：知道清扫教室包括边边角角，要有顺序地进行清扫。结合实际清扫工作，学会正确拿扫把、用簸箕。掌握一些清扫的小窍门。清扫完毕，要将扫把、簸箕归位放整齐。自觉做到不乱扔垃圾，看到垃圾能主动捡起放进垃圾桶。教师会结合自身劳动实践经验，向学生传递一些做事的小技巧，并加强平时的巡察、指导。教师还鼓励学生请教家长以获得更多的经验，通过网络搜集一些他人做事的小窍门、小视频与同伴分享。多途径的学习帮助学生学会使用不同类型的劳动工具，获得更多的劳动技能。

（3）在岗位实践中巩固劳动技能

在一日校园生活中，为了让学生参与民主管理，班级或学校设置了很多小岗位，做到"人人都有小岗位"。但不少教师对指导学生如何做好小岗位工作基本停留在"布置工作、个别指导"的层面，导致学生换个岗位又不知道如何做。我们在安排学期班级小岗位时建立轮岗制度，鼓励学生积极劳动、认真劳动，并开展互助劳动，让学生学会的技能在多岗位实践中得到更好地巩固，在平凡的岗位劳动中逐步养成认真做事的品质。

（4）家校协作开展日常劳动教育

劳动观念的培养需要在多场景的劳动中进行潜移默化的熏陶。有的学生在校园里看起来很爱劳动，可是回家后自己的事情成了家长的事情，而且还觉得理所应当。在这种状态下，良好的劳动观念培养几乎成了一句空话。因此，学校要做好家校沟通，用好、用足家庭资源。我们成立了学生家庭日常生活劳动指导与评价导师团，建立学生家庭劳动档案，对学生家庭日常生活劳动提出相关要求，并请家长定期评价，以积极引导学生将校园习得的日常生活劳动技能运用于家庭实践，在家庭中努力践行"自己的事情自己做、别人的事情帮着做、家里的事情抢着做"，让家庭成为学生劳动技能的训练场、实战场，在不断的练习中巩固技能，在更多的劳动中体会家人的付出，养成良好的劳动观念，愿意用自己的劳动服务更多的人。

3. 有针对性地提高生活技能

实施"有目的"的教育，获得"有滋有品"的享受。从学生的生活实际出发，通过学习让他们切实感受到自身生活技能的提高，这样的课程深受学生喜爱。随着时代的进步，人们的生活水平大大提高，从过去的物质匮乏到现在的丰衣足食，导致了家居物品数量越来越多，与收纳空间固定有限之间的矛盾日益加剧。同时，大多数父母对学生家庭劳动的包办，又让他们丧失了独立意识和自理能力，间接影响他们对于劳动成果的关注和重视，为此，我们的整理收纳课程应运而生。课程以家庭整理中的重要区域——衣柜为载体。学生从开始的"胡乱叠放"到"基本整齐"，再到既"整齐美观、又方便取拿"，还懂得了要"分区清晰"，最后达到充分利用收纳空间、符合工具的收纳尺寸，一步一步成长为一个"小小整理收纳师"。他们既充分享受劳动带来的成就感和幸福感，又丰富了的职业体验，激发他们对于劳动的内在热情，也让他们从内心深处感恩父母的每日劳作，潜移默化影响他们对于日常家务劳动的认可与参与。

4. 注重家校沟通形成教育合力

（1）发挥家庭在日常生活劳动教育中的"练兵场"作用

《纲要》指出"低年级以个人生活起居为主要内容，开展劳动教育"，"高年级以校园劳动和家庭劳动为主要内容开展劳动教育"。可见家庭是小学生日常生活劳动实践的主要阵地。教师要通过家长会、视频家访、家委会、致家长一封信等方式，对家长进行宣讲和沟通，转变家长的思想，寻求家长的配合，让家庭充分发挥日常劳动教育的练兵场作用。

（2）让日常生活劳动教育做到"日常化"

正如陶行知先生所言"滴自己的汗，吃自己的饭，自己的事情自己干。靠天靠地靠父母，不算是好汉！"真正的劳动教育就是每天坚持做好"自理劳动"、做好分内的"家务劳动"，学生只有在劳动实践中才能真正学会劳动。学生进行日常生活劳动实践时，家长是最好的督促者与陪伴者。

（3）居家劳动评价

在推进和实施这项劳动教育课程时，要防止家长包办代替。家长首先要适当示范，但不能去替代学生劳动，替代学生劳动会起到反作用。学习劳动技能和学习知识的道理相通，必然遇到学习难点，突破难点才意味着掌握。规避难点，不仅意味着技能习得的失败，更不利于"吃苦耐劳""精益求精"等劳动品质的培养。因此，面对孩子"不完美"的劳动成果，家长宜进行指导式、放手式、陪伴式的督促，过程大于结果。此外，日常生活劳动是学生自理、自立的基础，是作为家庭一分子应当也必须承担的一分义务，家长在学生完成自己份内的劳动任务时要尽可能使用正强化、精神鼓励，尽量避免物质奖励、物化亲子关系。

实践教育基地是学生自然生长的沃土，这里有学生生活实践的真实空间，有多元丰富的生活实践类课程，有专业教师的精心培育。我们围绕让学生爱劳动、会劳动展开思索与实践，努力将其培养成为时代需要的合格人才。我们有义务、有责任在孩子的成长旅途中，为他们埋下一粒劳动的种子，让它发芽、生长，陪伴孩子养成锲而不舍、自强不息的精神，在以后的人生道路上越走越远，越走越宽。

生产劳动

生产劳动让学生在工农业生产过程中直接经历物质财富的创造过程，体验从简单劳动向复杂劳动、创造性劳动的发展过程，淬炼生产劳动技能，体会物质产品的来之不易，认识劳动与自然界的基本关系。

中华优秀传统文化重视劳动价值，充满了以劳育人的思想，这些思想与习近平新时代中国特色社会主义教育思想中所蕴含的教育理念具有传承和发展关系，对培养时代新人具有明显的指向作用。优秀传统手工技艺是中华优秀传统文化"活"的传承，烙印着中华民族的基因，是培养学生劳动素养的重要途径。但在现今这个以机器生产为主，在很大程度上取代传统手工业的时代，很多优秀传统手工技艺却濒临湮没乃至失传。工匠精神源于对传统手工技艺内在精神价值的认同，是一种价值支配下的行为体系，其核心特征是精益求精和敬业专注。工匠精神赋予了传统手工技艺更多的人文精神和人格温度，传统手工技艺和工匠精神是紧密结合的统一体。《义务教育劳动课程标准（2022年版）》注重将"体现中华优秀传统文化和工匠精神的手工劳动内容"。作为劳动课程的重要内容，既是对优秀传统手工技艺传承的重视，也是中华优秀传统文化在新时代的熠彩卓然。劳动课程内容在根本上服务于学生的劳动素养，因此，《义务教育劳动课程标准（2022年版）》将体现中华优秀传统文化和工匠精神的手工劳动内容纳入劳动课程，更能让学生在情绪情感上受到感染与共鸣，在劳动中体验中华文化的博大精深，培育文化自信，形塑正确三观。

新时代的劳动教育是"手脑并用"的教育，要为学生创造动脑创新的机会，让学生的劳动对接并运用知识。坚持与学科渗透相结合，打破学科之间、课堂内外、校园内外的边界，创新课程形态，完善劳动教育课程体系，充分实现课程育人的功能。

尽管我国中小学在语文、历史、政治等学科课程中有劳动教育的内容，但是缺乏学生亲身参与体验的劳动经历，可谓"有教育没劳动"。有些学校开设了一些劳动教育课程，但却把劳动教育课开设成了劳动体验课、劳动技术学习课等，尚未达到劳动育人的效果，可谓"有劳动无教育"。新时代的劳动教育，应当提倡在教育中融入劳动的元素去实现劳动育人的目的，要突破劳动教育实施的困境则需要在中小学课程中渗透新时代劳动教育理念。

一、以社团化传统技艺课程激发学生劳动积极性

劳动教育作为一种育人的实践活动，不仅需要学校的高度重视和教师的积极组织，而且需要提升学生参与劳动的主动性和积极性。没有个体自觉主动参与的活动是起不到教育效果的。特别是劳动教育这种需要学生亲身参与和主动操作的实践活动，更应该凸显学生参与活动的兴趣和积极性。为此，学校要想方设法寻找路径或平台，既让每个学生能够根据自己的需要有所选择，又能照顾到活动的集体性。社团活动是学生在自愿基础上展开的各种文化、艺术、学术、技艺等集体活动，它既照顾了个体的积极主动性，又可面向全体发展。在学校劳动教育中，通过组织各种贴近学生实际生活的社团活动，不失为一种理想的选择。

以贴近学生现实生活和实际社会环境的当地传统产业来组织社团活动，能够减少学校与家庭和社区的阻隔，激发学生参与活动的主动性和积极性。"从儿童的观点来看，学校的最大浪费是由于儿童完全不能把在校外获得的经验完整地、自由地在校内利用；同时另一方面，他在日常生活中又不能应用在学校学习的东西。那就是学校的隔离现象，就是学校与生活的隔离。"

二、以"校企结合"拓展基于传统技艺的劳动教育空间

由于种种原因，当今只在少部分学校还有附属工厂农场，大部分学校的附属工厂农场已经不复存在。这为当下学校实施劳动教育造成了诸多困难。很多学校不得不在校园里搞一些"袖珍"劳动园区，或者只搞一些打扫卫生、拾掇校园、自我服务之类的没有技术含量的"劳动教育"，或者在教室里搞"纸上谈兵"式"劳动教育"，或者组织学生自愿出资参加"旅学"等。这些做法，显然不符合实施新时代劳动教育的全面要求和要旨。如何解决劳动课程实施的空间场地问题，是当前实施劳动教育的关键问题之一。

1.按照实施劳动教育的目标要求，精选专业户或企业作为联合对象

尽可能选择距离学校近、相关设施和条件齐全、现代技术含量高、能容纳较多学生、热心教育事业、员工素质高的专业户或企业作为校外劳动教育基地。重点考虑的是为学生提供更多更专业的参与传统技艺制作的资源。

2.聘请所选专业户或企业中的技艺"非遗传人"或当地知名园艺师作为劳动教育的校外专家，发放聘书，明确其责任和权利

校外专家除对参与技艺操作的学生进行技术指导外，还担当校内课程教学活动与校外基地的联络人。这样既可以提

高技艺实施劳动教育的技术含量，又可以使劳动教育真正做到校内与校外连贯、理论与实践统一。

3. 学校与校外基地协商合作，合理组织学生到基地开展活动

除了做好学生的卫生和安全保障等常规工作，还要注意几件事：其一，学生参加企业的劳动，是学校组织的生产劳动，属于教育过程，目的在于促进学生的发展，不能把学生当成一般劳动力，追逐经济效益。其二，要充分考虑校外基地的经济利益。哪些适合学生动手，哪些只能专家操作学生参观，要安排好，避免给合作企业造成经济损失。其三，注意因材施教。根据不同年级学生的特点区分知识和技能的层次性。对低年级学生重在培养参与劳动的兴趣，多一些参观、审美和趣味知识，实际操作不要过于复杂，并且多给予一些选择的自由；对高年级学生应增加有关技艺的理论知识，提高劳动的技术难度，并适当重视产品的质量和创造性。

三、以共享和承继劳动成果培养荣誉感、责任感和创新能力

学生参与生产劳动，不仅在动脑动手的过程中获得多方面发展，而且通过劳动生产出对象化的作品，用有形的产品展示自己能力和丰富的内心世界。实际上，只要学生乐于参与劳动，就会对自己的劳动成果有所期待；一旦获得期望的

劳动成果，就会反过来强化劳动的兴趣。教育者通过一定的方式展示学生的劳动成果，既是对参与劳动的学生本人的肯定和鼓励，也将对更多学生参与劳动起到促进作用。在劳动成果的共享过程中，传递着劳动光荣、劳动伟大的价值观，增强着学生们的荣誉感和责任感。

1. 学校通过多种方式让学生之间共享劳动成果

作品的完成，往往需要一个较长的周期。在这个过程中，学生会体验到参与劳动的"苦"和"乐"。他们会因为遇到困难而苦恼，也会因克服了困难，实现了自己的设想而快乐。有的作品在学生毕业的时候还不能最终完成。完成了的，还有不断养护、修剪、调整等诸多长期的后续工作。针对这种情况，学校把一届学生未完成的工作交由下一届学生继续做。并且把每一个作品都挂上标签，记录着历届作者的贡献。这样也能够促进不同学生之间的交流，让劳动过程及劳动作品在每一个参与者中承继。这也意味着把一种合作交流的情感在学生的劳动过程中展现出来。

2. 学校还通过各种途径和方式展示学生的劳动作品

通过这些作品展示活动，使更多的人了解学校的传统技艺课程，增强了学生共享劳动成果的集体荣誉感，也增强了学生参与劳动和创造性劳动的信心和兴趣。

3. 学校通过经验总结和整理促进技艺的创新，培养学生劳动创新能力

对待地域传统技艺的正确态度是既要传承，又要创新，

实现传统技艺的现代转换。因此，要求学生在认真学习传统技艺的知识和技术前提下，大胆探索改进，创新自己的作品。在共享交流作品阶段，教师组织学生总结整理经验，保护学生的创新意识，肯定学生的创新成果，以此促进学生创新能力的发展。对于传统文化来说，创新必先继承。

最后，需要说明的是，以校本课程与劳动教育课程融合为途径，实施新时代劳动教育，应该特别处理好两个关系问题：第一，新时代劳动教育的全面要求与该途径的有限性的关系。新时代实施劳动教育的内容，不仅是组织学生参加生产劳动，还有日常生活劳动和服务性劳动，切不可把依托传统技艺实施劳动教育当成劳动教育的全部。第二，传统与现代的关系。传统产业和传统技艺的技术基础往往具有保守性，虽然新时代劳动教育不排除手工劳动和体力劳动的必要性，但是，为适应时代发展的需要，在依托传统产业和传统技艺实施劳动教育时，应该努力提高生产的技术基础。

服务性劳动

服务性劳动教育作为劳动教育的下位概念与重要类型，是从劳动教育的发展过程中逐步衍生而来的。相对于劳动教育而言，服务性劳动教育的独特标识在于"服务"。因此，对"服务"含义的厘析是准确理解服务性劳动教育科学内涵的逻辑前提。

一、服务性劳动教育的主要特征

服务性劳动教育作为劳动教育的重要内容，与日常生活劳动教育和生产劳动教育统合于劳动教育体系之下。但相对于日常生活劳动教育与生产劳动教育而言，服务性劳动教育更突出社会本位与利他属性，强调个体在服务性劳动体验中增强与他人和社会的联系，更好地为他人和社会服务。服务性劳动教育的主要特征具体体现在以下三个方面。

其一，把握规律性，实现服务性劳动教育系统性与阶段性的有机统一；其二，注重体验性，实现服务性劳动教育连续性与交互性的有机统一；其三，突出利他性，实现服务性劳动教育价值理性与公共关怀的有机统一。

二、开展服务性劳动教育的实践途径

服务性劳动教育有利于中小学生成长成才，同时能进一步促进学校的内涵式发展。开展服务性劳动教育可以从以下几方面入手：

1. 重塑服务性劳动教育观，挖掘育人价值

劳动教育观是对劳动和教育之间关系的认识。学校承担着培养德智体美劳全面发展的社会主义建设者和接班人的重要职责，实施劳动教育能进一步完善人才培养体系，提高人才培养质量，有利于人才的全面发展。服务性劳动教育作为劳动教育的一种，对于人才培养发挥了重要作用。学校要开展多种形式的服务性劳动教育活动，让学生通过活动将自己掌握的知识和技能输送出去，用于解决相关问题、服务社会。学生在参加服务性劳动教育活动的过程中，能够增强劳动意识，树立正确的劳动观，并进一步强化所学知识和技能，为今后的工作和生活做好准备。还能够锻炼与人交往的能力，更好地了解、适应社会，学会关怀他人、尊重差异，成为合格的社会主义新青年。

2. 优化服务性劳动教育课程设置，丰富育人体系

当前学校的服务性劳动教育仍有很多地方需要完善。在

教育内容上，服务性劳动教育不能局限于开展活动，更要依托课程，而且要有课时保证。《关于全面加强新时代大中小学劳动教育的意见》明确要求"整体优化学校的课程设置"，可见课程设置在劳动教育中的重要性。课程是大学生成长成才的基础，是学校落实劳动育人的基本载体。要构建与劳动教育相匹配的课程，进一步丰富劳动育人体系。服务性劳动教育课程要把握育人方向，遵循育人规律，将课程与育人相结合。劳动教育课程具有实践性、开放性、服务性的明显特征，学校在设置课程时，应从课程目标、课程内容、课时等方面出发，注重培养学生的劳动精神、工匠精神，加强劳动教育课程与其他课程之间的联系，设置相应的必修课和选修课，强化实践育人，丰富育人体系。

3. 细化顶层设计，加强制度保证，多措并举

学校实施服务性劳动教育的目的是让学生掌握必备的劳动知识和技能，进一步贯彻落实立德树人，进而服务社会，促进国家发展。学校在开展服务性劳动教育时，要从整体出发，结合学校的实际情况落实劳动育人。要科学合理地制定服务性劳动教育的目标、内容、任务等，进行细致的规划设计，保证育人体系的连续性，实现服务性劳动教育的融会贯通。同时，学校要建立健全相关制度，明确服务型劳动教育的各个实施主体及其责任，通过制度约束、引导、规范服务性劳动教育的过程。学校在劳动育人体系中占据主体地位，必须充分意识到开展服务性劳动教育的

重要意义，各部门要形成协同联动的关系，共同为落实劳动育人贡献力量。学校应有一套系统的评价机制。服务性劳动教育通过理论课加实践课的方式实现育人，其开展效果到底如何、对学生产生的影响是否积极，都需要接受评价机制的评估。可以通过构建以学生参与学习为中心、以劳动为载体的评价机制，对学生的参与和体验做出形成性评价、表现性评价。以评促教，让服务性劳动真真切切地发挥育人作用。

4.营造服务性劳动育人氛围，建设良好的校园环境

新时代的服务性劳动育人不能简单地回归到体力劳动、单一劳动的形态，而要以问题为导向，抓住新时代立德树人的要求，把握规律，强调创新。学校可以通过设置相应的课程、加大宣传力度、开展形式多样的校内实践活动等方式，营造服务性劳动育人氛围，建设良好的校园文化环境。当代大学生深受互联网的影响，网络已成为他们生活中不可或缺的一部分，也是他们接受和传播信息的主要载体。因此，学校在推进服务性劳动育人时，要将传统的宣传栏、校报等方式同微博、微信公众号、抖音等新媒体平台相结合，营造线上线下相结合、时时可学、处处可见、人人可参加的劳动育人氛围，让整个校园充满劳动气息，进而重塑大学生对劳动的认识。

三、项目化学习在服务性劳动教育中的应用价值

1. 促进大脑发育多样化

服务性劳动需要学生先习得劳动技能，再通过探究进行劳动创新。项目化学习的参与能极大提高学生的学习兴趣，锻炼学生探究问题、解决问题的能力。有大量认知神经科学的最新研究成果表明，大脑执行功能是幼儿园至小学阶段儿童学会学习的生理基础，因为执行功能包含工作记忆的处理、冲动抑制、转移和保持注意、问题解决、推理和计划等，它对儿童自我控制的学习品质如专注、目标意识、坚持等也有重要的影响。

2. 促进劳动教育智能化

新时代背景下的劳动教育更具时代特点，尤其是服务性劳动，不仅传授基本劳动技能，更注重对劳动探究精神和创新精神的培养。服务性劳动以项目化为载体，把劳动内容整合成不同的学习主题，并渗透各种学科知识，既充实了劳动内容，更突显学科知识在劳动中的拓展和应用。学生在淬炼劳动技能的同时，手脑并用，满足了当下智慧劳动的社会需求。

3. 促进学生发展的社会化

服务性劳动覆盖到服务自己、服务他人、服务社会等多方面。项目化学习通过一个个劳动项目将自我与他人、校园与生活打通，将学生置身真实的生活情境中，并逐步引导他

们对劳动项目中出现的实际问题进行深入探究，经过反复实践和验证，寻求解决方法。在整个学习过程中，学生学会如何与他人沟通，并对社会环境有初步了解。这些宝贵的经历有助于学生的社会化发展，有助其发现自己的爱好、特长及职业兴趣。

学校劳动教育是开展劳动教育的支点，我们要充分发挥家庭劳动的基础作用、社会劳动的支撑作用，形成家庭、学校、社会协同合作育人的劳动教育体系。同时，要努力尝试以课题研究带动课程研发，从上好劳动课到组织好实践活动、落实评价等，让学生在参加劳动的过程中培养正确劳动观念，弘扬积极劳动精神，掌握基本劳动技能，形成良好劳动品质。

下 篇

寻 "策" 笃行

清洁与卫生

一、项目背景

《义务教育劳动课程标准（2022 年版）》中指出，"日常生活劳动立足学生个人生活事务处理，涉及衣、食、住、行、用等方面，注重培养学生的生活能力和良好卫生习惯，树立自理、自立、自强意识"。《中小学综合实践活动课程指导纲要》中强调小学阶段劳动教育目标要注重培养学生的问题解决能力，"能将问题转化为研究小课题，体验课题研究的过程与方法，提出自己的想法，形成对问题的初步解释"。

"清洁与卫生"是《义务教育劳动课程标准》（2022 年版）十大任务群之一，隶属于日常生活劳动范畴，本任务群立足学生个人生活能力和良好卫生习惯，树立自理、自立、自强的意识。重点是有目的、有计划地组织学生参加日常清洁与卫生劳动，让学生动手实践、出力流汗、磨练意志，培养学生正确的劳动价值观和良好的劳动品质。

《清洁与卫生》课程在动手体验中，培养学生的问题解决和劳动技术运用的能力，培养热爱劳动、勤于体验的精神，更好地适应未来生活。课程鼓励学生体验劳动的过程，感受劳动的魅力，让学生在实践、动手、体悟的过程中，提高动手能力、劳动意识、逻辑思维，为学生在以后的学习中能养成热爱劳动、善于劳动打下基础。现在部分小学生在幼儿园阶段都能掌握一定的卫生清洁技能，家长也希望学校能开展一定的劳动实践课程。同时，学生喜欢实践，乐于参与体验，但往往缺乏高效的卫生清洁技能，需要劳动教师给予卫生技巧的引领，实现技能提升。

二、项目目标

学段	内容要求	素养表现	活动建议
第一学段 1-2 年级	1.开展简单的清洁劳动，用扫帚扫地，用拖把拖地，用抹布擦桌椅等，用合适的洗涤用品洗碗筷等餐具，用肥皂、洗衣液等洗红领巾。	劳动观念：在简单的日常生活中，认识到人们的衣、食、住、行、用都离不开劳动，懂得人人都要劳动的道理，积极主动参与班级劳动，初步体会劳动对日常生活的重要性，能在力所能及的劳动实践中体会劳	1.学科融合：在校园中进行教室、家庭、个人卫生清洁的过程中，利用的数学知识进行清洁步骤思维导图的绘制。 2.校内外：在校园中进行教室地面清洁的过程中的内容也可以用在家庭的卫生清洁中，同样在家庭书桌整理的过程中的内

学段	内容要求	素养表现	活动建议
第一学段 1-2年级	2.坚持用科学的方法洗手，独立完成与个人卫生相关的劳动。	动的艰辛和快乐，初步形成喜欢劳动、积极参与劳动的态度。 劳动能力：在完成清洁与卫生过程中，初步掌握基础知识、基本步骤和操作方法，初步形成个人生活自理能力。 劳动习惯和品质：懂得珍惜劳动成果，在劳动过程中遵守劳动纪律和安全规范，初步养成"自己的事情自己做"认真负责、有始有终的劳动习惯和品质。 劳动精神：在劳动过程中不怕长脏、不怕累。	容也可以用在教室的物品整理中，班级和家庭可以做得更干净整洁，同类可以使在功能室开展。 3.文化：在开展校园中进行教室、家庭、个人卫生清洁的过程中，随时进行照片、视频资料的积累，跟进评价机制评选清洁小达人或者小组，学生在劳动的照片或者过程性资料在后黑板进行展示。组织学生开展成果展示、讨论、演讲、辩论等活动，通过讲述劳动故事、制作劳动微视频等方式进行反思交流。
第二学段 3-4年级	分类投放垃圾。	劳动观念：具有主动承担力所能及的劳动意识，初步	1.学科融合：在校园中进行垃圾分类，利用的数学知识进行垃圾

学段	内容要求	素养表现	活动建议
第二学段 3-4年级		养成热爱劳动的态度。 劳动能力：能正确使用简单的卫生工具和日常消毒物品，具有打扫卫生的劳动能力和个人防护能力。 劳动习惯和品质：具有用劳动创设洁净的生活、学习环境的意识和公共卫生完全意识，养成良好的个人卫生习惯。 劳动精神：形成勤俭节约，不怕困难的精神。	统计图的绘制；垃圾处理需要语文，需要做好策划方案，征求大家的意见进行完善。 2.校内外：在垃圾处理的过程中的内容也可以用在班级的卫生清洁中，班级可以做得更干净整洁。 3.文化：在开展垃圾处理之前进行主题班会的开展，明确需要做的内容以及标准，进行垃圾分类知识的调查，跟进评价机制评选垃圾分类知识小达人或者小组，学生在垃圾处理的照片或者过程性资料在后黑板进行展示。组织学生开展成果展示、讨论、演讲、辩论等活动，通过讲述垃圾分类故事、制作劳动微视频等方式进行反思交流。

三、项目架构

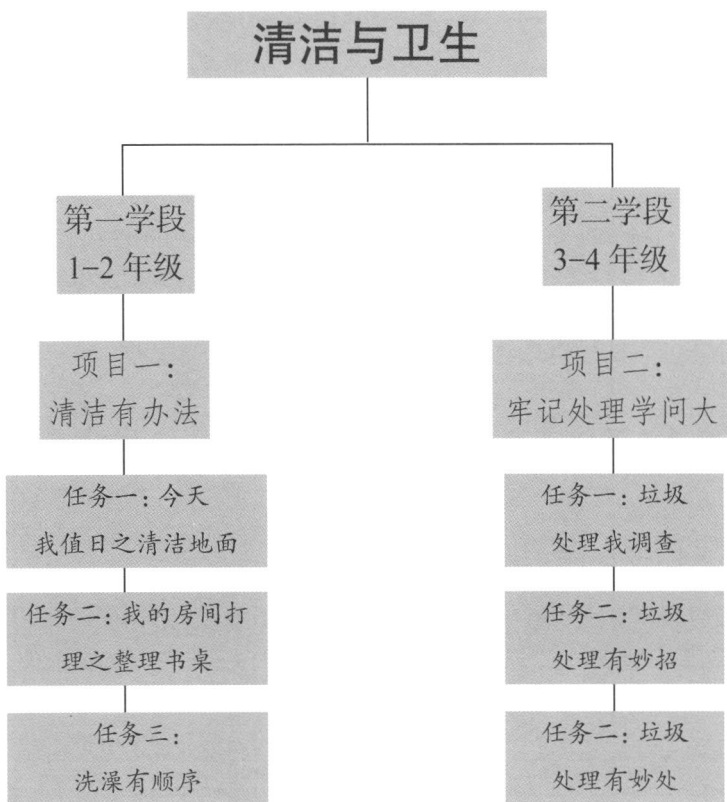

清洁与卫生

第一学段
1-2 年级

第二学段
3-4 年级

项目一：
清洁有办法

项目二：
牢记处理学问大

任务一：今天
我值日之清洁地面

任务一：垃圾
处理我调查

任务二：我的房间打
理之整理书桌

任务二：垃圾
处理有妙招

任务三：
洗澡有顺序

任务二：垃圾
处理有妙处

四、项目内容

学段	内容	目标
第一学段 1-2 年级	1. 清洁教室地面卫生； 2. 整理房间书桌卫生； 3. 清洁个人卫生。	参加校园卫生保洁、房间整理和个人卫生清洁等劳动，体验简单的清洁与卫生劳动，初步养成个人生活能力和良好卫生习惯，树立自理、自立、自强的意识。
第二学段 3-4 年级	1. 调查垃圾分类的知识及垃圾处理的方法； 2. 明确垃圾处理的方法； 3. 将垃圾变废为宝。	主动参加校园卫生保洁和垃圾分类处理等劳动，进一步体验清洁与卫生劳动，提升个人生活能力和良好卫生习惯，增强环保意识。

五、项目准备

1. 场所准备

根据劳动课程内容确定项目实施的劳动场所有学校、家庭和社区等场所；

2. 工具与材料准备

所需工具材料为笤帚、撮子、抹布、清洁洗涤用品、相关知识的课件以及一次性手套等，同时创设项目实施的条件供学生参与实践。

【项目设计】

◎ 项目一：清洁有办法

（一）项目情景

为保持与打造干净整洁的学习环境，加强学生个人自理能力与意识，培养良好的劳动习惯和个人卫生意识，结合劳动标准要求，确立第一个项目——清洁有办法。

（二）项目目标

（1）在清洁与卫生的过程中，逐渐养成自觉打扫卫生的劳动习惯和品质。

（2）通过自主参与，实践体验，提升对劳动技能的掌握程度；通过打扫教室地面卫生、整理房间卫生和洗澡的方式提升个人自理能力。

（3）在清洁与卫生的过程中，形成热爱劳动、不畏艰辛、积极探索的劳动精神，养成积极生活的态度和参与实践活动的兴趣，产生热爱劳动的情感。

（三）项目描述

本项目结合小学一年级学生的年龄特点，通过观察、模仿清洁地面、整理房间、洗澡的指导方法，达到合作完成清洁的实践活动。引导学生在实践劳动中，了解劳动工具的名称及作用；通过劳动合作与分工，完成基本的日常清洁活动，体验劳动过程的艰辛以及劳动成果的美好；提高劳动技能，养成良好的卫生习惯以及保持卫生的习惯，知道劳动在创造美好生活中的作用，热爱劳动。本项目属于日常生活劳动——卫生清洁的内容，在一年级中实施。

（四）项目准备

1. 学生准备：清扫工具，如扫帚、簸箕、拖把、搓澡巾、沐浴露、塑料盆等。

2. 教师准备：课件、演示指导视频素材、待清洁地面、待整理的房间等。

（五）项目评价

1. 认识并使用清洁工具。

2. 分工合作，完成班级值日生活动。

3. 进行一次清洁地面的家庭劳动实践活动。

4. 讲述自己的劳动故事与心得体会。

5. 结合"劳动达人"评价细则进行评价。

（六）项目实施

1. 实施建议

学科融合：在校园中进行教室、家庭、个人卫生清洁的过程中，利用的数学知识进行清洁步骤思维导图的绘制。

校内外：在校园中进行教室地面清洁的过程中的内容也可以用在家庭的卫生清洁中，同样在家庭书桌整理的过程中的内容也可以用在教室的物品整理中，班级和家庭可以做的更干净整洁，同类可以使在功能室开展。

文化：在开展校园中进行教室、家庭、个人卫生清洁的过程中，随时进行照片、视频资料的积累，跟进评价机制评选清洁小达人或者小组，学生在劳动的照片或者过程性资料在后黑板进行展示。组织学生开展成果展示、讨论、演讲、辩论等活动，通过讲述劳动故事、制作劳动微视频等方式进行反思交流。

2. 课时案例:

※ 任务一: 今天我值日之清洁地面

活动内容	活动实施建议	活动评价
谈话导入:观看两种不同的地面环境,谈谈喜欢生活在哪种环境当中?	出示课件,展示清洁卫生的环境以及脏乱的环境;组织观察,引导学生思考哪种环境更适合生活	结合评价表1对学生的倾听能力、观察能力和思考能力进行星级评价。
技法探究:根据演示资料,讨论并交流清洁地面需要哪些工具,这些工具的作用以及正确使用方法	确定在清洁过程中需要用到的几种工具;讨论并交流"清洁地面工具的名称以及作用"。	结合评价表1对学生的小组合作能力和表达能力进行星级评价。
思考讨论:在清洁地面过程中需要做哪些准备工作?有哪些小技巧需要掌握?	学生思考:清洁地面的过程;组织讨论:清洁地面遇到哪些问题?你有哪些清洁地面的小妙招?	结合评价表1对学生的思考能力和小组合作能力进行星级评价。

续表

活动内容	活动实施建议	活动评价
劳动实践:"今天我来做值日" 合理分工协作,根据自己分担的工作,选择相应的劳动工具,用正确的方法清洁地面	1.组织讨论:清洁地面的过程;值日分工的安排 2.动手实践:①准备:根据分工选择劳动工具;②扫地:用扫帚扫,将垃圾倒进垃圾桶;③拖地:洗涮,拧干,拖地;④整理:将桌凳摆放整齐,将卫生工具清理干净,摆放整齐 3.汇报劳动成果,组织交流评价	结合评价表1对学生的小组合作能力进行星级评价。 结合评价表2对学生的活动参与情况、小组合作情况以及实践中的解决问题能力进行星级评价。 结合评价表1对学生的表达能力进行星级评价。
评价分享:值日表现互评,提出改进意见;交流分享经验以及解决困难的方法	思考探究:1.劳动过程出现的问题以及改进的措施;分享劳动小技巧,如何更有条理地进行清洁地面活动;劳动过程中容易出现的问题以及自己的心得体会。 2.布置任务:根据学习体会,开展一次清洁地面的家庭劳动实践活动	根据学生参与活动分享的照片资料并结合评价表2对学生的活动参与情况、小组合作情况以及实践中的解决问题能力进行星级评价。
拓展创新:现代化的清洁工具有哪些?	思考:现代化的卫生清洁工具给生活带来了哪些影响?劳动与美好生活的关系?	结合评价表1对学生的思考能力和表达能力进行星级评价。

※ 任务二：我的房间常打理之整理书桌

活动内容	活动实施建议	活动评价
学习新知：结合已知经验说一说如何整理出干净整洁的书桌。	出示课件，展示干净整洁的书桌并引导学生将想法说给同桌听。	结合评价表1对学生的思考能力和表达能力进行星级评价。
技法探究：观看视频中整理书桌的步骤。	展示整理书桌的步骤，组织观察，引导学生观察细节。	结合评价表1对学生的思考能力进行星级评价。
思考讨论：通过观察一张图片说一说分类整理的方法。	出示课照片，引导学生观察图片细节，归纳整理方法。	结合评价表1对学生的思考能力和表达能力进行星级评价。
评价分享：说一说整理书桌的收获。	总结归纳：通过学习擦黑板，你有什么收获？	结合评价表1对学生的表达能力进行星级评价。
拓展创新：周末整理实践	周末对自己的房间进行大扫除并进行整理，找出自己不用的物品送给需要的人。	根据学生参与活动分享的照片资料并结合评价表2对学生的活动参与情况以及实践中的解决问题能力进行星级评价。

※ 任务三：洗澡有顺序

环节1：了解洗澡的顺序与方法

活动内容	活动实施建议	活动评价
一、情景导入，激发学生兴趣 1.动画出示脏兮兮的小猪，师：我们今天请来了一位小客人，它是谁？（小猪）小猪为什么在哭？答案就在这幅图片里。（小猪太脏了，没有小动物和他玩） 2.师：怎么样才能让小猪变干净？ 3.小结：洗澡可以让小猪变干净。	学生先看课件，然后组织讨论，得出"洗澡可以让人变干净"的结论。	结合评价表1对学生的观察能力思考能力进行星级评价。
二、观看课件，了解洗澡的重要性 1.小猪回到家打算要洗澡，那洗澡要带什么东西呢？ 2.师：老师这里为小猪准备了很多东西，我们来选一选洗澡要带什么吧。学生选一选。 3.讲解各种物品的作用。 香皂、沐浴液：可以把我们身上的脏东西洗下来； 浴花：可以帮助我们涂肥皂的时候搓出来很多泡泡，也有按摩的作用。 搓澡棉：可以搓掉皮脂和污垢。 浴巾：可以帮助我把身上的水擦干	教学中采用边看课件边讨论的方式。 教师可以提前准备好洗澡必备物品，放在一个篮子里，在讲到这部分时，拿出实物让学生去观看、触摸，加深认识和了解。	结合评价表1对学生的观察能力、倾听能力、思考能力和合作能力进行星级评价。

活动内容	活动实施建议	活动评价
4.师：小猪洗澡洗得可开心了，洗完澡小猪变得怎样？（小猪变干净了） 5.小猪洗完澡又去找他的朋友一起玩了，这次小动物有没有和他一起玩？（有） 小动物们一起玩，玩得可高兴了，他们玩了好久，小动物们变得怎么样了？（都变脏了）于是小猪邀请小动物去他家里洗澡。 6.小动物们洗澡洗得可开心了，还玩起了肥皂泡泡。师：洗完澡小动物变得怎么样？ 小动物们洗完澡都变干净了，他们又能一起玩了，真高兴。 小结：洗澡可以把我们皮肤上的脏东西洗掉，变得很干净。		
三、了解洗澡的顺序和方法 1.师：小朋友，你们洗澡吗？什么时候洗澡？（身上出汗了、玩脏了要洗） 2.师：你是怎么洗澡的？请学生自己动手模仿演示，之后请个别学生上台演示。	通过游戏和观看课件相结合的方式来掌握洗澡的顺序。	结合评价表1对学生的观察能力和倾听能力进行星级评价。

活动内容	活动实施建议	活动评价
刚才我们小朋友洗澡只是直接把身上搓几下，我们洗澡先干什么再干什么没有讲清楚，老师这里有6张图片分别表示： ①小朋友站在水龙头下将身体淋湿，冲去灰尘②用搓澡棉搓掉身上的污垢③涂上沐浴液或香皂，用浴球搓泡泡，涂遍全身④用清水将身体冲洗干净⑤用浴巾或干毛巾擦干身体⑥穿好衣服。 3.老师请小朋友把这些图片从开始洗澡到洗完澡来排一排。学生自由操作，之后对照正确答案检查。 4.师：小朋友已经知道洗澡的顺序了，那我们一起来洗一洗澡吧。 现场模拟洗澡。 注意：先把淋浴头打开，慢慢走进去，小心滑，把身体冲湿。小心不要把水弄眼睛里。	在玩游戏的环节采取分组进行的方式，让每一个学生都参与进来。	结合评价表2对学生的活动参与情况进行星级评价。

续表

活动内容	活动实施建议	活动评价
拓展延伸 1.洗澡应先洗脸，再洗身体，最后洗头。 2.颈部、腋下及关节处容易残留污垢，要重点搓洗。 3.不要到池塘、小河等危险水域洗澡。 4.欣赏《洗澡歌》	主要采用"教师讲解＋学生讨论"的方式进行这一环节。最后的欣赏歌曲有助于加深学生对洗澡顺序的理解，可以调整到其他环节，但不建议删除。	结合评价表1对学生的倾听能力进行星级评价。

环节2：体验洗澡

活动内容	活动实施建议	活动评价
在家中独立完成一次洗澡体验。	有家长监督，完成洗澡后有反馈。	根据学生参与活动分享的照片资料并结合评价表2对学生的活动参与情况以及实践中的解决问题能力进行星级评价。

环节3：总结与评价

活动内容	活动实施建议	活动评价
学生交流：汇报自己洗澡的顺序与方法以及独立完成洗澡所用的时间。	小组内交流： 1.组织学生说说独立洗澡的感悟与收获 2.组织学生思考值得改进的地方 班级交流： 每组推选一名同学交流体会。	结合评价表1对学生的表达能力进行星级评价。

续表

活动内容	活动实施建议	活动评价
小结反馈：表扬亮点，改进不足	对用时短、洗澡顺序科学合理的同学进行表扬，对存在问题的同学提出建议	结合评价表1对学生的倾听能力和思考能力进行星级评价。
拓展延伸：洗完澡怎样手势浴室？你有什么小窍门吗？	集思广益，当学生说出好的点子要及时表扬，学生不知道的小窍门教师可以讲给学生听。	结合评价表1对学生的思考能力和表达能力进行星级评价。

◎ 项目二：牢记处理学问大

（一）项目情境

为保持与打造干净整洁的学习环境，加强学生个人自理能力与意识，培养良好的劳动习惯和个人卫生意识，结合劳动标准要求，确立第二个项目——牢记处理学问大。

（二）项目目标

（1）通过垃圾处理活动的参与，提升对垃圾分类知识的认识与了解，提升环保意识。

（2）通过垃圾处理活动的参与，提升对垃圾处理方法和改造垃圾方式的了解程度。

（4）通过垃圾处理活动的参与，形成热爱劳动、不畏艰辛、积极探索的劳动精神，逐渐养成自觉进行垃圾分类的劳动习惯和品质，树立环保和垃圾分类意识。

（三）项目描述

本项目结合小学三年级学生的年龄特点，通过垃圾分类知识和处理方法的调查、垃圾处理方法的实践及垃圾变废为宝的操作，引导学生了解垃圾分类知识、认识垃圾分类的重要性并通过实践劳动为垃圾分类做出自己的贡献。在此过程中，学生体验垃圾分类的快乐，树立了环保意识，本项目属于清洁与卫生性项目，在三年级实施。

（四）项目准备

1. 学生准备：清扫工具，如扫帚、簸箕等。

2. 教师准备：课件、演示指导视频素材、垃圾桶等。

（五）项目评价

1. 了解垃圾分类的知识和垃圾处理的方法。

2. 分工合作，完成垃圾分类活动。

3. 进行一次垃圾变废为宝实践活动。

4. 讲述自己的垃圾处理的心得体会。

5. 结合"劳动达人"评价细则进行评价。

（六）项目实施

1. 实施建议

学科融合：在校园中进行垃圾分类，利用的数学知识进行垃圾统计图的绘制；垃圾处理需要语文，需要做好策划方案，征求大家的意见进行完善。

校内外：在垃圾处理的过程中的内容也可以用在班级的卫生清洁中，班级可以做得更干净整洁，同类可以使在功能室开展。

文化：在开展垃圾处理之前进行主题班会的开展，明确需要做的内容以及标准，进行垃圾分类知识的调查，跟进评价机制评选垃圾分类知识小达人或者小组，学生在垃圾处理的照片或者过程性资料在后黑板进行展示。组织学生开展成果展示、讨论、演讲、辩论等活动，通过讲述垃圾分类故事、制作劳动微视频等方式进行反思交流。

2. 课时案例：

※ 任务一：垃圾处理我调查

活动内容	实施建议	活动评价
观看课件：观看生活中的垃圾都有哪些？	出示课件，展示各种垃圾；组织观察，引导学生对垃圾进行合理分类	结合评价表 1 对学生的观察能力和思考能力进行星级评价。
学习新知：调查垃圾的处理过程	讲解垃圾不能妥善处理的后果有哪些；组织讨论并交流对于垃圾应该怎么处理？	结合评价表 1 对学生的思考能力和合作能力进行星级评价。
垃圾分类：尝试着对生活中的垃圾进行分类	出示课件，组织学生将这几种垃圾进行分类；组织讨论：日常的垃圾还有哪些？	结合评价表 1 对学生的合作能力和思考能力进行星级评价。
交流讨论：垃圾从产生到最后处理要经历什么过程，最终都到哪里去了？	1. 组织讨论：了解垃圾从产生到处理结束的几个关键环节？ 2. 总结归纳：通过学习垃圾的处理，你有什么收获？	结合评价表 1 对学生的合作能力和表达能力进行星级评价。

活动内容	实施建议	活动评价
课后调查：完成调查表	1.调查一下自己家中、所在学校产生的垃圾是采用以下哪种方式处理的？ 2.布置任务：下节课每人带一种生活中常见的垃圾	根据学生调查的结果并结合评价表2对学生的活动参与情况进行星级评价。

※ 任务二：垃圾处理有妙招

活动内容	实施建议	活动评价
调查反馈：交流调查表	1.不同类型的生活垃圾，处理的方法也不同，你了解哪些垃圾处理的方法？ 2.总结归纳：哪种方法更实用？	根据学生调查的结果并结合评价表2对学生的活动参与情况进行星级评价。 结合评价表1对学生的表达能力和思考能力进行星级评价。
劳动实践：观看对垃圾进行有效处理和回收利用的视频	1.你所居住的社区中是否有分类垃圾箱或旧衣物回收箱等设施？ 2.思考如何利用它们为垃圾处理贡献自己的力量？	结合评价表1对学生的观察能力和思考能力进行星级评价。

续表

活动内容	实施建议	活动评价
学生操作：垃圾处理我参与	试着将以下垃圾进行分类，再思考其合适的处理方法	结合评价表1对学生的合作能力和思考能力进行星级评价。
评价分享：垃圾分类回收后就是宝贝，这样说的有没有道理？	同学们分享自己的想法，并互相评价一下吧	结合评价表1对学生的思考能力和表达能力进行星级评价。
拓展创新：请小组同学根据以上资料，到相关场所咨询有关人员，调查废旧电池回收处理情况。	下节课每人带一件废旧物品。	结合评价表2对学生的活动参与情况、小组合作情况以及实践中的解决问题能力进行星级评价。

※ 任务三：垃圾处理有妙处

活动内容	实施建议	活动评价
思考讨论：怎样才能充分利用废旧物品，把它们变成有用的物品呢？	组织学生思考：考虑物品的材质可以改造成什么类型的新物品？	结合评价表1对学生的思考能力进行星级评价。
劳动实践：将自己准备好的废旧物品动手操作，变废为宝	学生动手操作，教师及时给予指导与评价	结合评价表2对学生的活动参与情况、小组合作情况以及实践中的解决问题能力进行星级评价。

续表

活动内容	实施建议	活动评价
评价分享：将自己制作的工艺品放在班级展台上，举办一个展示会。	大家都来说一说自己的制作方法。制作的过程中有哪些收获？	结合评价表1对学生的表达能力进行星级评价。
拓展提升：写一封倡议书，号召大家一起行动，参与垃圾分类。	每人写一份倡议书。	结合评价表2对学生的活动参与情况进行星级评价。

六、项目反思

　　本项目属于日常生活劳动中的清洁与卫生任务群里的清洁和处理内容。在实施的过程中要注意培养学生的核心素养，即劳动素养，让学生产生认识劳动、尊重劳动、崇尚劳动的观念。劳动素养的表现要通过情境体现出来，也就是情境中的劳动主要目的是解决日常生活中的问题，所以，本项目的生活情境不仅仅局限于课堂，而是渗透到家庭之中。本项目的评测更多采取的是家长评价与学生自评，课堂评测仅作为辅助实行。

七、评价量表

表1　能力评价量表

评价内容	参考性评价指标			评价方式		
	☆	☆☆	☆☆☆	自评	互评	师评
善于观察	能做到安静、认真地观察学习素材。	能做到安静、认真地观察学习素材，并进行产生自己的观点。	能做到安静、认真地观察学习素材，进行认真思考产生自己的观点并回答老师的问题。			
善于倾听	能做到安静、认真地倾听老师对清洁和卫生方法的讲解。	不但认真倾听老师对清洁和卫生方法的讲解，同学发言也能做到安静有序。	在安静倾听的基础上能提出自己的疑问。			
积极表达	每节课能主动在小组或全班发言1-3次。	被小组推荐发言且讲述有理有据。	能够针对别人的观点提出意见或者发表不同的能给他人带来启发的观点。			

续表

评价内容	参考性评价指标			评价方式		
	☆	☆☆	☆☆☆	自评	互评	师评
乐于思考	能在老师的指导、同学的启示下，思考问题、解决问题。	主动思考活动中出现的问题，能通过小组合作解决问题。	不但能够思考活动中出现的问题，还能主动提出问题、解决问题。			
小组合作	能虚心听取别人意见，完成自己分担的任务。	能积极参与讨论，能与他人友好合作，有成功感。	不但自己能完成任务，还能协助、指导其他成员。			

表2　活动评价量表

评价内容	参考性评价指标			评价方式		
	☆	☆☆	☆☆☆	自评	互评	师评
活动参与	能按照老师要求参与清洁和卫生活动。	积极参与清洁和卫生活动，并能在活动中质疑思考。	积极参与清洁和卫生活动，并在活动中想象创新清洁方法。			
小组合作	能虚心听取别人意见，完成自己分担的任务。	能积极参与讨论，能与他人友好合作，有成功感。	不但自己能完成任务，还能协助、指导其他成员。			

评价内容	参考性评价指标			评价方式		
	☆	☆☆	☆☆☆	自评	互评	师评
解决问题能力	能解决问题,但方法很麻烦。	能想到简单方法解决问题。	能利用多种方法解决问题,并能择优选择最巧妙的方法。			

面食烹饪与营养

一、项目背景

《义务教育劳动课程标准（2022 年版）》中指出，"日常生活劳动立足学生个人生活事务处理，涉及衣、食、住、行、用等方面，注重培养学生的生活能力和良好卫生习惯，树立自理、自立、自强意识"。《中小学综合实践活动课程指导纲要》中强调小学阶段劳动教育目标要注重培养学生的问题解决能力，"能在教师的引导下，结合学校、家庭生活中的现象，发现并提出自己感兴趣的问题。能将问题转化为研究小课题，体验课题研究的过程与方法，提出自己的想法，形成对问题的初步解释"。

"烹饪与营养"是《义务教育劳动课程标准》（2022 年版）十大任务群之一，隶属于日常生活劳动范畴，本任务群立足提升学生核心素养，能用简单的凉拌、蒸、煮等烹饪方法，满足自己基本的饮食需求。形成生活自理能力，初步建立健康饮食的观念。能正确认识烹饪劳动的价值，形成热爱劳动、尊重普通劳动者的观念。

　　学校以"拓展·整合"为着力点，坚守劳动育人的课程价值，结合"美育"特色办学理念，以"四维互动，多元融合"劳动课程体系建设为着力点，以综合实践国家课程为主阵地，围绕"健康食育、云端农场、巧手收纳、清洁有方"四个维度建构了"快乐小当家"多维度的课程体系。在"健康食育"维度中，侧重于烹饪与营养的方面，培养学生基础的厨艺技能，养成健康的饮食习惯，让每名学生在劳动实践中发现美、体验美、创造美。

二、项目目标

学段	内容要求	素养表现	活动建议
第一学段 1-2年级	花样烙小果	1. 了解家庭烹饪的方式。 2. 理解不同蔬菜水果的营养价值和科学食用方法。	1. 全科整合体系：以"学科整合"为突破口，结合语文的诗词诵读课程，诵读诗词；在班会、综合实践课上探究小果的由来、习俗，动手烙小果。 2. 特色活动深化：固定的特色活动和节日是提高学生参与度、兴趣度和文化仪式感的重要手段。设计系列特色面食节活动，利用七夕节，举办烙小果比赛。

学段	内容要求	素养表现	活动建议
		3. 运用合适的工具削水果皮，用合适的器皿冲泡饮品形成简单的家庭烹饪劳动模式，如择菜、洗菜等。	3. 家校联动：定期开展家长讲坛、研学活动、社区志愿者进校园等活动，形成"家—校—社"三级联动机制。
第二学段 3-4年级	巧做花式春饼	1. 了解不同食材切配需要对应的烹饪器具。 2. 理解凉拌菜、拼盘等简单菜品的制作流程。 3. 运用蒸、煮的方法，加热馒头、包子、煮鸡蛋、水饺等，形成做凉拌菜、拼盘等劳动模式。	1. 全科整合体系：以"学科整合"为突破口，结合语文的诗词诵读课程，诵读诗词；在班会、综合实践课上探究春饼的由来、习俗，动手制作春饼；借助美术审美能力，创意摆盘。 2. 特色活动深化：固定的特色活动和节日是提高学生参与度、兴趣度和文化仪式感的重要手段。设计系列特色面食节活动，如文化节、今天我卖菜、烹饪小能手评选、食育知识竞赛等各类特色活动。 3. 家校联动：定期开展家长讲坛、研学活动、社区志愿者进校园等活动，形成"家—校—社"三级联动机制。

续表

学段	内容要求	素养表现	活动建议
第三学段 5年级	巧手包饺子	1. 用简单的炒、煎、炖等烹饪方法制作2-3道家常菜，如西红柿炒鸡蛋、煎鸡蛋、炖骨头汤等，参与从择菜、洗菜到烧菜。 2. 了解装盘的完整过程。能根据家人需求设计一顿午餐或晚餐的营养食谱， 3. 了解不同烹饪方法与食物营养的关系。	1. 全科整合体系：以"学科整合"为突破口，结合语文的诗词诵读课程，诵读面食诗词；在班会、综合实践课上探究饺子的由来、习俗，动手制作饺子；在二十四节气项目式课程中品尝节气面食，例如：冬至吃饺子，构建与学科教学有机整合的课程体系。 2. 特色活动深化：固定的特色活动和节日是提高学生参与度、兴趣度和文化仪式感的重要手段。设计系列特色面食节活动，如烹饪小能手评选、食育竞赛等各类特色活动。 3. 家校联动：定期开展家长讲坛、研学活动，形成"家—校—社"三级联动机制。推出家长课程，充分运用现代化手段，如钉钉直播、微信公众号等平台推送课程内容，及时交互指导家长配合学校开展工作，科学育儿。

三、项目架构

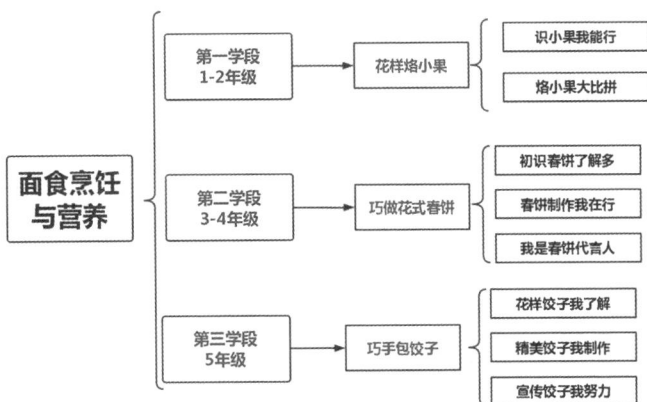

四、项目内容

学段	内容	目标
第一学段 1-2 年级	1. 择菜 2. 洗菜 3. 削果皮 4. 泡茶 5. 做蔬菜饼 6. 烙小果	通过情境模拟、实践操作，能在家庭烹饪劳动中进行简单的食材粗加工，掌握日常简单烹饪工具、器皿的使用方法和注意事项；具有安全劳动意识，以及"自己的事情自己做"的生活自理意识；初步具有科学处理果蔬、制作饮品的意识和能力。

续表

学段	内容	目标
第二学段 3-4 年级	1. 拌凉菜 2. 做水果拼盘 3. 煮鸡蛋 4. 煮饺子 5. 煮面条	在探究、实践中掌握简单的凉拌、蒸、煮等烹饪方法，满足自己基本的饮食需求；形成生活自理能力，初步建立健康饮食的观念，具有初步的食品安全意识；能正确认识烹饪劳动的价值，形成热爱劳动、尊重普通劳动者的观念。
第三学段 5 年级	1. 做春饼 2. 包饺子 3. 擀面条 4. 做熏鱼 5. 西红柿炒鸡蛋 6. 煎鸡蛋 7. 炖骨头汤	通过课前调查、课中探究、课后实践，能进行家庭餐食的设计和营养搭配，掌握简单的烹饪方法，初步养成营养搭配和健康饮食的习惯，具有食品安全意识，树立乐于为家人服务的劳动观念，初步形成家庭责任感。

五、项目准备

1. 场所准备

根据劳动课程内容确定项目实施的劳动场所有：班级的教室、学校的食育教室、学校的餐厅。

可充分利用学校食育教室和餐厅，开展生活劳动。家庭中可在家长协助下使用厨房和餐厅等，周边可供研学的蛋糕坊、社区食堂等。

2. 工具与材料准备

所需工具材料为制作面食所需的面粉、水、蔬菜等原料，以及春饼机、擀面杖、面条机等器具，和锅碗瓢盆等器皿，同时创设项目实施的条件供学生参与实践。

【项目设计】

◎ 生活劳动主题：巧做花样面食

（一）项目情境

中国面点技艺是中国烹饪技艺的一个重要组成部分，品种丰富多彩、工艺精湛多姿，在中国饮食中占有相当重要的地位。

为了丰富学生的家居生活，满足生活所需，提高学生动手烹饪面点的能力，我校开展了"秀出你的面食情结"劳动活动。活动一经发布，同学们都在课堂上积极参与，纷纷采用蒸、煮、烤、煎、炸等各种方式制作自己的面食，不仅实践操作了烹饪面食的技法，还了解了面食文化、粮食食材的特性特点、分享了独特的创意理念和深刻的劳动感悟。

（二）项目目标

1. 通过图书、报刊、网络等资源，搜集关于春饼、饺子、面条的历史、文化、习俗等方面的资料，并把信息汇集处理，自主获取信息、加工信息。了解吃春饼的来历，了解制作各种面食所需要的工具、原材料，能够初步掌握春饼的制作步骤及每一步的具体操作方法。

2. 立足视频中发现的问题，根据自己喜欢的探究兴趣点组成探秘小分队，展开实践性调研并召开调研成果分享会，精准掌握原材料的筛选以及诸如"调面糊、蘸面糊、卷春饼"等标准技法；巧用综合性学科知识，通过画圈、蘸水、趣作纸质春饼，通过擀皮、捏皮、切面等模拟操作制作太空泥饺子和面条，从而提升技能；通过观看"创意面点"视频，归纳提炼各种面食的升级方法，掌握"定主题""选食材""创意摆盘"等流程，在传承中创新，并动手制作创意面点，在讲解、点评中提升面点劳动技能。

3. 通过对搜集的各类名片资料的对比分析，提取名片中所包含的基本信息；通过小组讨论，说出花式面点名片设计所包含的基本信息及创意；通过小组合作，讨论设计创意，利用电脑编辑，进行打印、塑封，完成面点名片的制作赠予社区的爷爷奶奶，端正劳动态度，树立正确劳动观念。

（三）项目描述

以"秀出你的面食情结"劳动活动为驱动，注重围绕"巧做花式面点"的目标和内容要求，通过"搜集资料，了解春饼、饺子、面条等习俗实地调研，采摘相关食材，养成有序准备习惯。""探究学习，掌握烙春饼、包饺子、擀面条的技法，创意花式面点。""成为面点代言人，为各种面点制作花式名片，开展'传统节气我当家'社区研学活动"三步走，达成教学目标。

（四）项目准备

1. 学生准备：常见面食的有关资料、做面食所需的面粉、水、蔬菜等原料，以及春饼机、擀面杖、面条机等工具，和锅碗瓢盆等器皿。

2. 教师准备：课件、视频。

（五）项目评价

1. 通过网上查阅资料，能说出面食的历史、文化、习俗；课后主动搜集有关面食的相关资料，体会中国民俗文化的广博丰富。

2. 能在小组交流活动中了解制作不同面食所需要的工具、原材料，在全班交流时主动发言，补充所知道的制作工具、原材料，通过第二次交流判断学生是否掌握制作面食所需要的工具及原材料。

3. 能依据教具并结合自身面食制作的短板积极进行技法的熟练，巧用综合性学科知识，根据熟练掌握面食制作技艺。

4. 能妥善分工、配合默契地完成创意面食的制作，并能积极做好制作中的收纳与清理工作，面食制作思路及方法做到讲解有条理、清晰流畅、富有感染力。

（六）项目实施

1. 实施建议

学科融合：结合语文的诗词诵读课程，诵读面食诗词；在班会、综合实践课上探究面食的由来、习俗，动手制作美食；

借助美术审美能力，创意制作面食；在二十四节气项目式课程中品尝节气面食，构建与学科教学有机整合的课程体系。

校内外：在劳动中重视学校、家庭、社区三处联动。开展家长讲坛、研学活动、社区志愿者进校园活动，形成"家—校—社"三级联动机制，推出了家长食育课程，主要针对家长群体而提供的食育指南性课程，充分运用现代化手段，如钉钉直播、微信公众号等平台推送课程内容，及时交互指导家长配合学校开展食育工作，科学育儿。

文化：以"幸福餐厅"文化建设为目标，培养良好饮食习惯，对父母有感恩之心，形成学生们终身健康身心和丰富人格的"食育"文化品格。充分利用黑板报、周例会、班会等各类宣传阵地，加强《中华人民共和国反食品浪费法》《中华人民共和国食品安全法》的学习宣传，引导教育全校师生切实培养节约习惯，杜绝各类食品浪费行为。将节约粮食、艰苦奋斗等精神始终作为学校思想道德教育的必修内容，纳入"开学第一课"学习研读。教职员工要以身作则，主动带头制止餐饮浪费、培养节俭习惯。年级干部、执勤员、餐桌小组长开展检查评价，实现"制止餐饮浪费，培养节约习惯"的目标要求。坚持把保护环境、节约资源的教育作为学校的常规工作来抓，运用各种媒体，餐厅门口、餐厅就餐区域及餐桌上都张贴有勤俭节约宣传看板标识，多途径、多形式、全方位开展节约用粮食的宣传教育，增强节粮意识。

2. 任务设计：

※ 任务一：初识春饼了解多

活动内容	活动实施建议		活动目的
	学生	教师	
一、导入	1.学生交流中国传统节日 2.朗读立春诗歌。	1.我国历史悠久，有许多传统节日，你都知道哪些? 2.今天老师也带来二十四节气中的一个节气，就藏在这首诗中。	综合实践课程标准中提出，综合实践活动要充分尊重学生的兴趣、爱好，为学生的自主性的充分发挥开辟了广阔的空间。这节课的导入环节以冬奥会开幕式中的二十四节气倒计时引入，深度融合中国传统文化的惊艳创意，自然引出本节课的研究课题。用学生感兴趣的内容，充分调动了学生的积极性，遵循了课程标准中提到的教学设计要遵循学生的认知水平和兴趣爱好的原则，充分体现了学生的主体性。
二、新授	1.交流搜集的立春资料。	1.通过课前搜集的资料，你都知道了有关立春节气的那些知识呢?	

活动内容	活动实施建议		活动目的
	学生	教师	
二、新授	2.看微视频后进行交流。 3.小组交流做春饼需要准备的材料。 4.观看植物工厂的蔬菜，探究哪些菜适合卷春饼。 5.个人探究，小组合作解决做春饼的工具和步骤。 6.观看微视频，学习烙春饼的步骤。	2.看微视频，有哪些新的了解？随机点评同学的交流，并贴板书：来历，习俗。 3.根据课前的调查，做春饼需要准备哪些材料呢？ 4.这么多蔬菜，哪种更适合呢？我们一起到植物工厂去看一看（出示植物工厂里的蔬菜）。 5.采摘生菜时需要注意那些问题呢？ 6.那制作春饼还要用到哪些工具呢？ 7.用春饼机制作春饼需要那些步骤呢？ 8.做春饼的时候要注意那些问题呢？怎么解决这些问题呢？（出示微视频）	通过课前查阅资料，完成探究单，学生了解到春饼的来历、习俗、寓意。通过小组交流，提出制作春饼还要知道那些制作流程，自然引出下一环节要研究主题。

活动内容	活动实施建议		活动目的
	学生	教师	
三、拓展应用	探秘小分队，分组进行探究。	1.根据个人意愿和老师安排，分为食材探究小分队、沾面糊小分队、卷春饼小分队进行校外的实地探究。	通过课前查阅资料，完成探究单，学生了解到制作春饼的原材料、工具和制作步骤；课上通过交流，学生在同伴和教师的引领下进一步明确制作春饼需要做的准备和制作的步骤。在原材料蔬菜的准备中，教师引导学生就地取材，使用学校植物工厂里的新鲜蔬菜，学生在学科联动中感受劳动的魅力。
四、总结升华	生谈自己的理解。	1.欣赏花样春饼 2.了解春饼的吃法	通过学生交流收获，回顾本节课所学知识，树立学生保护和继承优秀民族文化的信心，增强对优秀民俗文化的热爱。并提出下节课继续研究的内容。

※ 任务二：春饼制作我在行

活动内容	活动实施建议		活动目的
	学生	老师	
一、立足问题谈收获。	小分队进行分享。	探秘小分队分别进行调研成果分享会。	通过召开调研成果分享会，交流探秘收获，现场操作规范的做法，可以有效地锻炼学生合作探究的能力，借助合作学习与实地调研，提升学生解决问题的能力，增强学生探究制作春饼的兴趣和成就感。
二、玩转教具，熟练技艺	1.同桌俩互评，展示优秀的作品。 2.各小组开始动手操作，根据完成情况评选出"优胜小组"。 3.以组为单位，大家依次依据评价标准点评卷春饼手法的优缺点	用笔在纸上练习顺时针画圈熟练面糊搅拌技艺。 老师示范学生思考：怎样才能保证顺时针画出来的圈大小一致、又快又美观？巧借计时乒乓球拍蘸水熟练蘸春饼的技法。 看看老师桌子上的教具，谁来猜一猜，我们可以利用这些物品怎么来练习呢？趣作手工纸质春饼卷锻炼卷春饼手法。教师进行总结并展示优秀的作品。	此环节通过玩转教具，针对春饼制作过程中可能存在的不足之处，首先由学生自主思考身边可以用来练习的方法，随后老师引领学生利用综合性学科知识，结合方便、环保等多方面因素的考虑，开展对应的练习和评比活动，不仅能够活跃课堂的气氛，更能帮助学生学会发散延伸，从一个学科的学习拓展到对多种学科知识的掌握。

续表

活动内容	活动实施建议		活动目的
	学生	老师	
三、多维创意，春饼大升级	1.学生观看视频，学习创意做法。 2.有序设计并完善操作单。	教师出示视频"花式春饼创意多"。定好主题，请同学们有序设计。	学生通过观看视频"花式春饼创意多"，在交流中掌握"确定主题""选取食材""创意摆盘"等方法，为接下来的创意制作能起到很好的指导性作用，通过小组合作填写"设计师"操作单，能为接下来的小组分工合作起到很好的引领效果。
四、创意制作，展评成果	1.学生进入食育教室开始制作。 2.各小组进行展评。	教师组织学生有序带好准备的食材和用具走进食育教室进行春饼制作，课件出示操作要求。请各小组同学来展示一下你们的美食成果吧！	集体交流，评选出"最佳创意组""最聚友爱组""最会清理组""最佳人气组"等，对学生的美食成果予以肯定。
五、总结回顾，畅谈收获	1.学生谈自己的收获。 2.把活动的美照或小视频传到班级群里，与小伙伴们一起共享劳动喜悦。	这节课的学习，你有哪些关于春饼制作的收获呢？	将春饼的制作延伸到家庭中，引导学生动手为家人做美味的春饼，增强家庭劳动能力和主人翁意识，培养学生会感恩、懂感恩的情怀，传承春饼中蕴含的文化基因，体验立春"咬春"的劳动快乐。

※ 任务三：我是春饼代言人

活动内容	活动实施建议		活动目的
	学生	老师	
一、导入	观看掠影。	播放校级厨艺比拼五年级级部花式春饼活动掠影。	激发参与课堂的兴趣。
二、合作探究，确定方向	1.学生交流展示。 2.教师提供移动教具，学生在黑板上展示。	1.观察各种名片的主要内容及设计特点。交流各种名片中有哪些相同之处？	
二、合作探究，确定方向	3.以小组为单位，每个同学参与体验。	2.借助希沃白板的活动"抽签"，让学生排火车说出屏幕中随机"抽取"的食品推介卡创作的特点。 3.请同学给大家演示卡片的布局。 4.播放微视频。布局的方法有横版和竖版。（板书）你认为哪种更好？ 5.用塑印卡制作，出示活动要求。 6.分享：你学到什么秘诀了吗？ 7.绘制思维导图	通过对搜集的各类名片资料的对比分析，提取名片中所包含的基本信息。通过小组讨论，说出花式春饼名片设计所包含的基本信息及创意。

活动内容	活动实施建议		活动目的
	学生	老师	
三、完善设计，勇于实践	1. 学生将制作的春饼及宣传卡与更多的人分享。	1. 结合搜集的春饼相关资料，讨论如何进行创意设计才能让自己的作品脱颖而出呢？ 2. 总结	通过小组合作，讨论设计创意，利用电脑编辑，进行打印、塑封，完成植物名片的制作并包装在春饼袋内，赠予社区的爷爷奶奶，端正劳动态度，树立正确劳动观念。
四、拓展应用了解立春美食	学生交流	提问：在立春时，你还知道有哪些必吃的美食？ 播放微视频。	拓展延伸，让学生参与更多美食制作。

项目反思

本次花样面食烹饪活动，以面食为纽带，以民俗文化为核心，鼓励孩子们亲自动手实践，让孩子们充分了解了春饼、水饺、面条的制作过程，不仅锻炼了他们的动手能力，也让他们感受到了劳动带来的乐趣。在活动中，孩子们探究、体验了动手制作面食的整个过程，品尝了自己的劳动成果，深刻感受到了劳动的辛苦和收获的快乐。同时制作面食的复杂过程让同学们感受到了父母做饭的辛劳，增强了孩子们热爱家庭的意识，并让同学们树立了正确的劳动观念，养成良好的劳动习惯，从而更加珍惜别人的劳动成果。

通过本次花样面食烹饪活动，不仅让孩子们体验到了新时代劳动的真正内涵，践行了劳动教育，学会了技能，也在劳动实践中磨炼意志、锻炼自己，增进了与同学的团结合作，形成了积极的生活态度。也为孩子们日后走出课堂，走进生活，亲自参与到劳动实践中奠定了基础，让孩子们在劳动中体验，在劳动中感悟，在劳动中收获成长。

七、评价量表

表 1：能力评价量表

评价内容	参考性评价指标			评价方式		
	☆	☆☆	☆☆☆	自评	互评	师评
善于观察	能做到安静、认真地观察学习素材。	能做到安静、认真地观察学习素材，并进而产生自己的观点。	能做到安静、认真地观察学习素材，进行认真思考产生自己的观点并回答老师的问题。			

评价内容	参考性评价指标			评价方式		
	☆	☆☆	☆☆☆	自评	互评	师评
善于倾听	能做到安静、认真地倾听老师对烹饪和营养方法的讲解。	不但认真倾听老师对烹饪和营养方法的讲解，同学发言也能做到安静有序。	在安静倾听的基础上能提出自己的疑问。			
积极表达	每节课能主动在小组或全班发言1~3次。	被小组推荐发言且讲述有理有据。	能够针对别人的观点提出意见或者发表不同的能给他人带来启发的观点。			
乐于思考	能在老师的指导、同学的启示下，思考问题、解决问题。	主动思考活动中出现的问题，能通过小组合作解决问题。	不但能够思考活动中出现的问题，还能主动提出问题、解决问题。			
小组合作	能虚心听取别人意见，完成自己分担的任务。	能积极参与讨论，能与他人友好合作，有成功感。	不但自己能完成任务，还能协助、指导其他成员。			

表 2: 活动评价量表

评价内容	参考性评价指标			评价方式		
	☆	☆☆	☆☆☆	自评	互评	师评
活动参与	能按照老师要求参与面食烹饪和营养活动。	积极参与面食烹饪和营养活动,并能在活动中质疑思考。	积极参与面食烹饪和营养活动,并在活动中想象创新面食烹饪的方法。			
小组合作	能虚心听取别人意见,完成自己分担的任务。	能积极参与讨论,能与他人友好合作,有成功感。	不但自己能完成任务,还能协助、指导其他成员。			
解决问题能力	能解决问题,但方法很麻烦。	能想到简单方法解决问题。	能利用多种方法解决问题,并能择优选择最巧妙的方法。			

家用器具使用与维护

一、项目背景

2020 年 3 月中共中央、国务院印发了《关于全面加强新时代大中小学劳动教育的意见》，意见突出强调"整体优化学校课程设置"，构建劳动教育课程体系。2022 年 4 月 21 日，教育部印发了《义务教育劳动课程标准（2022 年版）》，对《意见》进行了细化，进一步强化了劳动教育综合育人的功能。《课程标准》中明确提出"家用器具使用与维护"任务群，要求学生认识常用家用器具，掌握家用小器具的使用方法。

《家用器具使用与维护》课程属于学校劳动教育课程体系中日常生活劳动的内容，学校以家用电器的使用为主题开展活动，通过设计不同难度层次的活动要求，创设对比情景，展示使用器具的不同方法，与功能改进、节能减排、科技创新、安全教育等结合，引导学生通过试验、探究等方式获得丰富的劳动体验，习得劳动知识与技能，感悟和体认劳动价值，培育劳动精神。

随着科学技术的飞速发展，家用电器已成为家庭生活不可缺的"好助手"，是现代家庭生活中的必需品。大部分学生对家用电器并不陌生，些许学生有一定的认识并能进行简单的操作，但大部分学生因个性特点，接触家用电器很少，有的学生想接触，家长因为安全方面等原因，没能满足孩子的需求。因此如何科学地使用，发挥家电的功能是学生需要进一步探究的问题。本项目以《家用器具使用与维护》为载体，引导学生在认识科学使用家用电器的基础上，展开想象的翅膀，将学以致用的思想和科技创新的意识，潜移默化的渗入其中，将劳动实践活动推向新的探索领域。

二、项目目标

学段	内容要求	素养表现	活动建议
第二学段（3-4年级）	正确使用1-2种家庭常用小电器，如吹风机、吸尘器等，完成劳动任务。认识、了解厨具的种类和作用，正确使用厨房小家电参与家庭烹饪劳动，如用电饭煲煮饭。知道操作流程要规范、安全。	初步掌握家庭常用小电器的使用方法，会根据需要选择和使用，初步具有家用电器使用安全意识和器具保养维护意识，形成生活自理能力。养成用后及时清理、收纳到位的良好劳动习惯。	家庭实践与学校指导相结合，家校合作开展本任务群活动。可以让学生在家中实践后，到学校交流不同类型小电器的使用方法、使用心得体会。还可以通过创设对比情境，展示使用器具的不同方法，促进学生初步掌握常用家用器具的正确使用和科学维护的方法。

续表

学段	内容要求	素养表现	活动建议
第三学段 （5-6年级）	通过阅读产品说明书，了解家庭常用电器，如电视机、电冰箱、洗衣机、电风扇、空调等的功能特点，掌握基本操作方法。根据需求选择使用功能，规范、安全地操作。例如：使用洗衣机的不同功能洗涤不同材质的衣物；使用电饭煲的蒸、煮、炖等各项功能满足食品制作的不同需求。	掌握家庭常用电器的功能特点和使用方法，在学习和操作过程中养成耐心、细心的劳动品质，形成运用现代科技参与日常生活劳动的能力。初步养成良好的家用电器使用习惯。感受家用电器对提高家务劳动效率、提升生活品质的作用。养成在劳动中勤于观察、乐于思考的品质。	以家用电器的使用为主题开展活动，设计不同难度层次的活动要求，注意与功能改进、节能减排、科技创新、安全教育等有机结合，组织学生开展探究与讨论。

三、项目架构

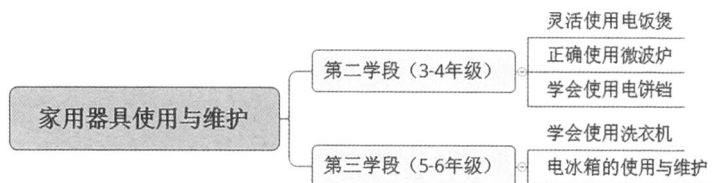

四、项目内容

学段	内容	目标
第二学段 （3-4 年级）	1. 灵活使用电饭煲 2. 正确使用微波炉 3. 学会使用电饼铛	1. 通过自主探究活动，了解微波炉的一般使用方法和简单原理，能够使用微波炉正确的加热食物，树立正确科学的劳动方法。 2. 学会电饭煲煮饭的正确使用方法，提升劳动能力，体验用电饭煲煮饭的快乐，形成热爱劳动的精神。 3. 掌握电饼铛的正确使用方法，提升劳动能力，体验用电饼铛做饭的快乐，形成热爱劳动的精神。
第三学段 （5-6 年级）	3. 学会使用洗衣机 4. 电冰箱的使用与维护	3. 通过认真阅读说明书，学会用洗衣机洗涤衣物，掌握操作要领，养成安全劳动的习惯； 4. 通过阅读产品说明书，在观察、探究、合作的过程中，掌握电冰箱基本操作方法和维护方法。体会劳动带来的幸福快乐。

五、项目准备

1. 场所准备

校内在专用教室学习，学生可以将在学校学到的日常生活劳动技能带回家，使日常生活劳动教育实践"常规化"。

2. 工具与材料准备

家用微波炉、电饭煲、电饼铛、小洗衣机、小冰箱、使用说明书、插排等。

【项目设计】

◎ 项目：灵活使用电饭煲

（一）项目情境

家用电器的产生、发展给人们的生活带来方便，提高了人们的生活质量，许多学生对家电的使用，有一定的生活基础，但是，对于如何科学使用家用电器，只是有着一定认识，但不够全面。本项目借助学生感兴趣的电饭煲煮饭这一项目，通过引领学生在"考察"、"探究"、"设计"、"创作"、"想象"、"反思"、"体验"等一系列活动中发现和解决问题、体验和感受家用电器在生活中的应用，发展其实践能力和创新能力。

（二）项目目标

1. 积极愉快的参与到电饭煲家庭常用小电器的使用，在劳动的过程中感受快乐和成就感，懂得劳动创造美好生活的道理。

2. 认识家用小电器，在探究和操作活动中，了解并掌握电饭煲的使用方法。形成运用现代科技参与日常生活劳动的能力。

3.通过亲身体验使用电饭煲煮饭的过程，初步形成家用电器使用安全意识和器具保养维护意识，养成用后及时清理、收纳到位的良好劳动习惯。

4.通过积极参与、动手操作，逐步树立不怕困难、勇于探究、敢于动手的劳动精神。

（三）项目描述

本项目采用电饭煲的使用作为学习的载体且分别呈现，按照活动安排，学生能够学会家用电器的使用方法，在此基础上将科学安全运用的意识渗透其中，树立正确的劳动观念，养成良好的劳动习惯和品质，培育劳动精神，就成了教学中需要解决的难点。本项目引导学生通过查找资料、分析讨论、汇报交流等方式展开研究，通过对自己家中家用电器的调查，了解家用电器的使用情况，学会阅读说明书，上网查找资料、访问等途径，学习家用电器的使用方法与使用时的注意事项。通过实践和体验，激发学生科学使用家用电器的兴趣，养成科学使用家用电器和节约用电的好习惯。

（四）项目准备

1.学生准备：调查单等

2.教师准备：家用电饭煲、使用说明书、插排、课件、视频等。

（五）项目评价

1.能在学习家用小电器使用的过程中树立劳动光荣、劳动伟大、劳动美丽的思想。

2.准确掌握电饭煲的使用方法，善于观察、发现使用过程中的问题，并提出问题，在操作实践的过程中，通过自主探索和小组合作等方式，解决问题。

3.在学习过程中能主动承担劳动任务，并协助其他成员更好地完成劳动任务。

（六）项目实施

1.实施建议

构建融合语文、科学、信息技术、数学等多学科知识、技能来解决问题的项目模式，校内在专用教室学习，校外，学生可以将在学校学到的煮米饭小技巧等日常生活劳动技能带回家，使日常生活劳动教育实践"常规化"。家长作为劳动教育课的"第二责任人"积极参与到活动中来，提高学生主动参与家庭劳动的意识，培养学生的劳动幸福感和成就感。

2.课时案例：

※ 任务一：家用电器的认识

活动内容	活动实施建议	活动评价
谈话导入：如今，我们生活在便捷的社会里，家用电器为我们的生活提供了许多方便，加入我们的生活中没有了家用电器，会怎样？	借助学生的生活经验，引出生活问题。	通过学生交流，引出家用电器的认识。

活动内容	活动实施建议	活动评价
评议家用电器： 1. 你家里有哪些家用电器？ 2. 出示家用电器图片，交流：这是什么电器？你们对它的功能有什么了解？给你的生活带来哪些方便？	学生汇报，教师板书小结。	通过谈话总结，了解学生学情，为后面的学习打下基础.
家电分类：引导学生进行适当的分类。	学生说说有哪些电器； 试着给电器分类； 引导学生思考是否可以采取其他方法给家用电器分类。	通过分类，引导学生认识家用电器。
加深认识：找一种电器，谈使用方法与注意事项。	以小组为单位展开活动。	通过加深认识，认识用电安全。
节约用电：结合生活实际，谈谈如何节约用电？	以小组为单位展开讨论后班级交流。	引导学生养成节约用电的习惯。
课后拓展：回家后观察自己家里的家用电器，通过父母了解其名称与使用方法。	通过和父母的交流，理解巩固本节课知识。	通过家校合作，强化学习效果。

※ 任务二：用电饭煲煮饭

活动内容	活动实施建议	活动评价
导入新课： 现代厨房里，最核心最重要的部分非厨房电器莫属。你家的厨房里都有哪些厨房电器呢？你都认识他们吗？	承接上节课的课后拓展部分进行交流。	引导学生认识厨房常用的电器。
探究学习： 1.将厨房电器的名称与对应的电器连接起来。 2.这些厨房电器在你们家的厨房里都能找到！米饭是我们经常吃到的主食，你知道将大米变成吃起来香香甜甜、软软糯糯的米饭，需要用到的厨房电器或厨具是什么吗？	通过讲解和演示，知道厨房常用的小电器。	导入新课：用电饭煲煮米饭。
科技加油站： 1.谁能交流一下电饭煲煮饭的步骤？ 2.播放视频：电饭煲煮饭的具体步骤。	学生根据生活经验交流电饭煲煮饭的方法。 通过视频进行完善补充。 交流：插电源时要注意什么？不能用湿手触碰，注意安全。	学习电饭煲煮饭的方法，提升劳动能力。

续表

活动内容	活动实施建议	活动评价
拓展创新：你认为煮饭过程中还有什么改进的地方？	可以放入花生豆、红枣或红薯块，做出不同口味的米饭。	引导学生劳动过程中注意创新。
课堂小结：今天我们学会了如何用电饭煲蒸米饭，你有哪些收获？	着重交流学会技能后的感受。	通过体验用电饭煲煮饭的快乐，形成崇尚劳动、热爱劳动的精神。
课后实践：请同学们在家练习用电饭煲煮饭，感受米量和水量的关系，将你的劳动过程记录下来。为你的家人做出香甜的米饭，分担一些力所能及的家务，成为煮饭小能手吧。	通过实践，理解巩固本节课知识。	通过合作劳动，学生形成主动帮家长分担家务的观念，提升学生爱劳动的品质，成为煮饭小能手。

劳动素养评价量表

评价内容	参考性评价指标			评价方式		
	☆	☆☆	☆☆☆	自评	互评	师评
劳动观念	在老师和家长的帮助下，能够参与劳动实践，喜欢劳动，参与劳动。	在老师和家长的帮助下，能够参与劳动实践，比较喜欢劳动，能够主动参与劳动。	能够自觉参与劳动实践，非常喜欢劳动，积极参与劳动。			

评价内容	参考性评价指标			评价方式		
	☆	☆☆	☆☆☆	自评	互评	师评
劳动能力	能够掌握电饭煲的基本使用方法。	能够掌握电饭煲的食用方法，用后及时清理、收纳。	能够通过阅读说明书自主学习掌握电饭煲的食用方法，用后及时清理、收纳，并能进行创造性地使用。			
劳动精神	基本能够做到不怕苦，不怕累。	能够做到不怕苦，不怕累，勤俭节约。	能够做到不怕苦，不怕累，勤俭节约，追求创新。			

能力评价量表

评价内容	参考性评价指标			评价方式		
	☆	☆☆	☆☆☆	自评	互评	师评
善于倾听	能做到安静、认真地倾听老师地讲解。	不但认真倾听老师讲解，同学发言也能做到安静有序。	在安静倾听的基础上能提出自己的疑问。			

评价内容	参考性评价指标			评价方式		
	☆	☆☆	☆☆☆	自评	互评	师评
积极表达	每节课能主动在小组或全班发言1-3次。	被小组推荐发言且讲述有理有据。	能够针对别人的观点提出意见或者发表不同的能给他人带来启发的观点。			
乐于思考	能在老师的指导、同学的启示下，思考问题、解决问题。	主动思考活动中出现的问题，能通过小组合作解决问题。	不但能够思考活动中出现的问题，还能主动提出问题、解决问题。			
小组合作	能虚心听取别人意见，完成自己分担的任务。	能积极参与讨论，能与他人友好合作，有成功感。	不但自己能完成任务，还能协助、指导其他成员。			
学会审美	能够在老师的指导下，选出优秀小组。	通过小组合作，能在小组同学启发下多角度评价活动。	能够发现活动过程的优缺点，并能进行自我改善。			

活动评价量表

评价内容	参考性评价指标			评价方式		
	☆	☆☆	☆☆☆	自评	互评	师评
活动参与	能按照老师要求参与活动。	积极参与活动，并能在活动中质疑思考。	积极参与活动，并在活动中之一考虑，想象创新。			
小组合作	能虚心听取别人意见，完成自己分担的任务。	能积极参与讨论，能与他人友好合作，有成功感。	不但自己能完成任务，还能协助、指导其他成员。			
解决问题能力	能解决问题，但方法很麻烦。	能想到简单方法解决问题。	能利用多种方法解决问题，并能择优选择最巧妙的方法。			
所及资料和调查能力	能在同伴帮助下完成资料收集和调查。	能独立完成资料搜集和调查。	独立完成资料搜集和调查，并能进行总结和分析。			

传统工艺制作

一、项目背景

　　2022 年发行的《义务教育劳动课程标准》指出：注重选择体现中华优秀传统文化和工匠精神的手工劳动，适当引入体现新形态、新技术、新工艺的现代劳动内容；强调学生直接体验和亲身参与，注重动手实践、手脑并用，知行合一、学创融通，倡导"做中学""学中做"，激发学生参与劳动的主动性、积极性和创造性。

　　中国纸艺文化源远流长，是传统文化的重要组成部分。纸艺的表现形式有折纸、纸编、纸雕、衍纸、纸藤花、立体纸艺以及纸蕾丝。纸艺课程中安排中低年级学习折纸、纸编，高年级学习衍纸、纸雕、立体纸艺。对学生来说纸艺作品颜色鲜艳、造型或精致或大气，同样美观，有着极强的吸引力，但制作技艺的学习需要较强的耐心，所以在激发学生兴趣的同时，更重要的是引领学生循序渐进地掌握纸艺创作的基本技法，不断提升学生色彩搭配、绘画造型、大胆创新的能力，以此来巩固学生持久的耐心与毅力，让她们享受到成功的喜悦。

本任务群不仅具有丰富的教育价值，而且具有一定的社会价值，其中的劳动内容体现了我国优秀的传统文化和工匠精神。引导学生通过观察、设计、制作、探究、展示等实践方式获得丰富的体验，学习相应的劳动知识与技能，感悟和体认劳动价值，形成不断创新的劳动品质和精益求精的劳动精神。

二、项目目标

学段	内容要求	素养表现	活动建议
第一学段（1-2年级）	在简单的工艺制作劳动中，初步掌握简单的手工技能，会使用简单的工具。	1. 了解传统工艺的种类、特点等。 2. 能简单表达自己的方案构想，并使用常用工具制作简单的传统工艺作品。 3. 感受传统工艺的奇妙，初步养成认真劳动、合理利用材料的良好劳动习惯，形成乐于动手的劳动态度。	结合日常生活情境开展传统工艺制作活动。例如，从春节等传统节日特点出发学习纸工，激发学生的劳动兴趣。指导学生根据操作步骤和要求完成制作，让学生获得劳动成就感，充分感受传统工艺的奇妙，以及劳动带来的美好体验。

学段	内容要求	素养表现	活动建议
第二学段（3-4年级）	能在简单的生产劳动过程中，了解常用的材料，认识并使用常用的劳动工具，能设计与制作简单的工艺作品。形成勤俭节约、不怕困难的精神。	1.能设计并制作简单的传统工艺作品，感受传统工艺技术的精湛，以及劳动的艰辛和收获的快乐，形成传承并发扬传统工艺的意识。2.初步养成专心致志的劳动品质。	结合春节、元宵节、劳动节、国庆节等节日，开展主题活动。例如：根据春节贴窗花的习俗，安排剪纸项目，让学生设计、制作窗花；也可在元宵节开展小灯笼的设计与制作活动，并进行展示、交流。活动中引导学生体验工艺制作过程，通过制作作品，体会传统工艺的魅力，理解劳动创造美好生活的道理。
第三学段（5-6年级）	能发现生产劳动中的需求与问题，运用基本生产知识与技能，选择合适的工具、材料，合作完成简易工业产品的设计与制作，初步具备从事简单生产劳动的能力；	1.能根据劳动需要，设计并制作简单的传统工艺作品，说明传统工艺的价值，感受传统工艺劳动的智慧，初步形成传承中华优秀传统文化的意识。2.感受工匠精神，初步形成追求创新的劳动精神。	根据学校实际情况、地方历史文化，选择开展适宜的劳动实践。本任务群的学习可以与非物质文化遗产的保护与传承、工匠精神的弘扬结合起来，可以邀请当地的非物质文化遗产代表性传承人、技能大师进校园，开展劳动实践指导，或者融合当地场馆资源开发劳动项目，如主题印染活动、陶艺器皿的设计与制作、风筝的制作等。

三、项目架构

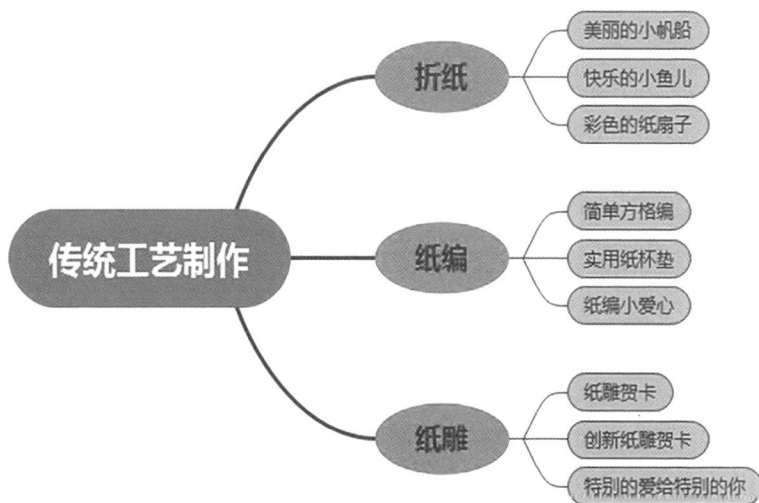

传统工艺制作

折纸
- 美丽的小帆船
- 快乐的小鱼儿
- 彩色的纸扇子

纸编
- 简单方格编
- 实用纸杯垫
- 纸编小爱心

纸雕
- 纸雕贺卡
- 创新纸雕贺卡
- 特别的爱给特别的你

四、项目内容

学段	内容	目标
第一学段（1–2 年级）	折纸 1. 美丽的小帆船。 2. 快乐的小鱼儿。 3. 多彩的纸扇子。	主动参加纸艺作品制作，了解制作需要的基本材料和常用工具；能读懂简单的折纸示意图，进行简单折纸制作；对工艺作品进行简单评价。
第二学段（3–4 年级）	纸编 1. 简单方格编。 2. 实用纸杯垫。 3. 纸编小爱心。	主动参加纸艺作品制作；了解纸编制作的技能和方法；能识读简单的示意图。尝试设计简单作品，并参考规范流程进行制作；在制作过程中尝试合作完成编织。
第三学段（5–6 年级）	纸雕 1. 纸雕小天鹅。 2. 纸雕贺卡。 3. 创新纸雕贺卡。 4. 特别的爱给特别的你。	主动参加纸艺制作，了解纸雕特点及发展历史，初步掌握制作的技能和方法；读懂基本的实体图、示意图等；在制作过程中学会合作，形成精益求精的工匠精神。

五、项目准备

1. 场所准备

根据劳动课程内容确定项目实施的劳动场所有：学校、家庭和社区等场所。

2. 工具与材料准备

所需工具材料为彩色手工纸、剪刀、尺子、固体胶棒、相关知识的课件等，同时创设项目实施的条件供学生参与实践。

六、项目设计

低年级

◎ 项目一：折纸

（一）项目情境

折纸是我国传统的民间艺术，有着近千年的历史，看似简单，却蕴含着许多奥秘。一张普通的纸，经过反复折叠后，可以变化出多种造型，宛如"活了"一般！折纸不仅是一种艺术，更是促进学生手部动作发展的一种方法。儿童的智慧在他的手指尖上。折纸看似简单，实际要求非常细致，帮助学生锻炼手部肌肉的协调性和灵活性，发展动手能力，培养学生细心、耐心和坚持的劳动品质。结合学校办学特色和劳动标准要求，我们确立了传统工艺制作——趣味折纸项目。该项目实行课内外、校内外相结合，在自主、合作、探究的实践过程中，通过制作各种生动有趣的折纸作品，激发学生探究的兴趣，掌握基本的手工技能，逐步养成做事认真、仔细的良好习惯，并培养学生的创新精神，进而感受到劳动的快乐，也赋予学校特色教育新的内涵。

（二）项目目标

1. 了解我国的民间传统工艺——折纸，掌握折纸工艺的基本技法——双正方形折法、双三角形折法、创新折法，提高动手动脑能力。

2. 尝试在主题制作的过程中，不断发现问题、解决问题，通过探究学习借助已有技能迁移创新。

3. 锻炼动手能力，观察能力，同时也学会废物利用，提高审美能力和美化生活的能力。

4. 继承民族文化，在活动中渗透劳动教育，感受劳动创造美好生活的理念，懂得分享与感恩。

（三）项目描述

学生们早在幼儿园就初步接触过折纸，而且由于受中国传统文化的影响，学生对其外形以及结构都有所了解。在指导学生通过折折、玩玩、说说等一系列活动，把各种抽象的概念和方法，贯穿于具体形象的操作之中。每一张纸里都包含着一个"蜕变"的愿望，每一次的"蜕变"又是思维的火花在迸发。折纸从无形到有形的过程，就像给纸赋予了生命，带给人快乐和感动。既能满足学生的好奇、好动、爱模仿的心理要求，也使学生的观察能力、想象创造能力、思维动手能力和语言表达能力得到更好的发展。本项目属于传统工艺制作，在二年级实施。

（四）项目准备

1. 学具准备：各种颜色的彩纸、白色卡纸、彩笔、剪刀、胶棒等。

2. 教具准备：多媒体课件、大张彩纸和卡纸、剪刀。

3. 安全准备：创可贴等。

（五）项目评价

教学目标	评价设计
1. 借助生活经验，选择适合制作纸扇子的折纸材料。	评价学生是否能按要求选择合适的卡纸。
2. 在制作纸扇子的体验过程中，不断发现问题并解决问题，探究学习并掌握制作纸扇子的基本步骤技法；会借助已有基础迁移创新，能尝试着用纸来制作外形各异、图案不同、美观的小扇子。	观察学生的制作过程，并结合最终制作成果，评价学生能否在规定时间内完成纸扇子制作和星级创意等级，进行"十佳"纸扇子的评选。
3. 通过课件，了解有关扇子的文化，欣赏各种各样的纸扇子，感受生活中的创意美，做会审美、能创造美的有心人。	课后，运用课上学习的制作纸扇子基本步骤技法，和爸爸妈妈一起进行创意小纸扇的亲子制作。

（六）项目实施

1. 实施建议

本项目与数学、语文、美术、信息技术等学科整合。通过从 2D 平面到 3D 空间的转换，平面的纸张变身为立体几何图形，不仅加深学生对几何图形的感知，还能帮助学生建立空间感，完成从平面到空间的一次跳转，为立体几何的学习奠定基础。同时空间想象能力也在一次次地折叠过程中得到提高，帮助学生提高空间思维力。折纸的过程，需要学生集中注意力，力求准确、流畅，可塑性极强，在千变万化中，序列性强，在创造力、想象力和形象思维能力、正向思考、逆向思考、发散思考等思维模式的训练中，培养学生的注意力和有序思考的能力。好的折纸作品，造型优美生动。折叠过程中，学生能潜移默化地受到美的教育，培养审美能力。折活动能加强学生的交流和表达能力，促进孩子智力的发展。

通过学校、家庭、社区三结合实践课程的学习，深化适应社会生活和进一步发展所必需的重要知识、经验和技能，锻炼意志，培养持之以恒的性格。具有初步的创新精神、实践能力良好的习惯，耐心，细致，有条理，逻辑思维能力强，有创造力……在情感态度和价值观方面得到充分发展。

学校定期开展折纸作品评比，定期选取优秀作品在班级文化墙、走廊及学校作品墙上展示，增添校园纸艺文化氛围。

2. 课时案例

※ 任务一（第一课时）：美丽的小帆船

活动内容	活动实施建议	活动目的
观看视频，引出课题	欣赏视频歌曲《我有一艘小帆船》，看到画面中的小帆船，谈感觉。	联系生活实际，分享各种船，认识船。感受船与生活的实际联系，加上优美动听的视频歌曲，由此引出课题，激发学生兴趣。
简单看图，有方法	出示示意图"双正方形折法"；教师示范，学生跟着老师操作。	让学生观察示意图起名字，能够让学生饶有兴趣观察示意图，并且以最快的速度记住名字。体验主动参与其中的快乐，学习效果好。
学折帆船，习技法	小组合作，探究学习技法；基于问题提解决，演示技法要领；作品专属名字，体验成功。	让学生小组合作，自助探究，自学折帆船，巩固了刚才所学的折纸方法以及看图能力，培养了学生的自主学习能力以及动手动脑能力。
技法应用，显创意	小组合作美化小帆船；比一比，改进不足，谁的船最稳？	让学生通过观察小帆船的基本折法，了解这种造型要点和技法、步骤。整合德育，告诉学生做事情要认真仔细，才可以成功。
回顾总结，话收获	谈谈这节课的感受：关注双正方形折纸法、折帆船的方法。	学生体验动手的快乐，体验分享的快乐。拥有一颗快乐的心。

※ 任务二（第二课时）: 快乐的小鱼儿

活动内容	活动实施建议	活动目的
创设情境，诱趣导入	欣赏"热带鱼"的小视频，谈感受，引出课题。	借助视频激发学生的兴趣，由此引出课题，便于学生萌发鱼的形态创作。
折"鱼"观察，探究折法	1.合作探究：试着折折折，研究这条小鱼是怎样折的？ 2.实践折"小鱼"：模仿折纸，小组协作，互帮互助，动手实践，完成折纸"小鱼"。	通过小组协作，互帮互助，动手实践的过程，在折小鱼中探究折叠的方法和步骤。
分享释疑，巩固折法	1.展示小鱼，分享折法； 2.观看视频，学习折法； 3.挑战折纸，巩固折法。	学生在展示、再学习、挑战过程中握双三角折法。
装饰"小鱼"，培养美感	1.对比观察找不同； 2.动手装饰增美感； 3.组合创作找"快乐"	通过合作创作中把小鱼装饰漂亮、把折出的小鱼收集起来，组成一幅美丽的鱼群图，提升成就感和劳动光荣感。
展示评价，体验成功	1.分组展示，解说作品； 2.评价投票，体验成功。	作品展示和解说中提升学生的劳动素养。

※ 任务三（第三课时）：多彩的纸扇子

活动内容	活动实施建议	活动目的
一、联系生活，引入课题	出示生活中纸扇子的图片，扇子起源于中国，我们国家曾被称为"制扇王国"，扇子可分为不能折叠的平扇和可自如敞开收叠的折扇两个种类。扇子不但漂亮，而且非常实用。想想炎热的夏天大家自己做一把纸扇子，不但可以扇风，还可以驱蚊。想不想自己做个漂亮的纸扇子？今天这节课我们就来学习制作纸扇子。（板书）	联系生活，了解有关扇子的文化、种类，感受扇子与生活的密切关系，由此引入课题，激发学习兴趣。
二、清点工具材料	教师引导学生结合课前准备，说说要制作纸扇子，需要准备哪些工具和材料？生交流，师引导总结需要各种颜色的彩纸、白色卡纸、彩笔、剪刀、胶棒等。（板书）	联系生活经验，清点需要的工具和材料，为折叠纸扇子做准备。
三、探究制作（一）问题与思考	多数扇子的形状都是反复折叠出来的。想一想，怎样用反复折叠的方法制作一把纸扇子？生交流反复折叠的方法并演示。（由学生介绍，老师做评价，并出示多媒体课件）	通过探讨与交流反复折叠的方法，达到巩固反复折叠方法的目的，为后面制作纸扇子做铺垫。

活动内容	活动实施建议	活动目的
（二）观察课本上的制作步骤，自主探究折纸扇子的技法	在制作前，大家先自主选择折纸扇子要用的材料和工具。 师：同学们叠过纸扇子吗？谁来说说你是怎么折叠的？ 生：交流做法。 师：大家的做法各不相同，结合已有经验，大家自主观察课本17、18页纸扇子的制作步骤，看看它是怎么制作的？并尝试用这样的步骤方法来自折叠纸扇子（生动手折叠）。 师：同学们的理解能力强，小手也非常巧，那谁做的纸扇子最漂亮、最标准呢？下面把你的纸扇子亮出来，咱们来夸夸自己的纸扇子吧！ 生：展示作品并交流。 师：大家的作品都很棒！通过刚才地交流和展示，在做纸扇子方面你有没有什么新发现？ 生：纸扇子折叠的好的同学在看书上的步骤时非常认真，折叠时也非常仔细。 师：看来，折得好的同学，不但善于观察，还勤于动手。 那没有折完的同学，觉得哪个步骤有困难？ 生：交流遇到的困难。	探究结果的目从反复折叠入手，通过先自主学习折叠纸扇的基本步骤技法，然后自主练习折叠体验过程，达到熟悉巩固折叠纸扇子步骤的目的。同时，在发现问题和解决问题的过程中，形成探究意识并进行有价值的探究，互相取长补短，从而达到完善探究过程和的。

续表

活动内容	活动实施建议	活动目的
（二）观察课本上的制作步骤，自主探究折纸扇子的技法	师：谁来给他支个招，帮助他解决这个困难？ 生：说解决办法。 师：我这里有一张大卡纸，谁来给大家示范折叠纸扇子的基本步骤方法？ 要求：其他同学认真观察，看看他每个步骤是否合适？ 通过实物观察，重点探究学生了解每个步骤方法的要领。（板书） 1. 长边向中间折入 5 厘米。 2. 沿竖直方向对折后展开。 3. 左右两边向中间折。 4. 左右两边再向中间折。（折成合适的宽度） 5. 展开并沿折痕反复折叠。 6. 绑紧下侧，将上侧展开成扇。 师：刚刚我们借助已有经验，在发现问题和解决问题的过程中，自主学习了折叠纸扇子的基本步骤方法。都说三个臭皮匠能顶一个诸葛亮！其实不管遇到什么困难，大家一起探究解决，互相取长补短，困难都能迎刃而解，而且学习效率会更高的！	

活动内容	活动实施建议	活动目的
四、在已有步骤方法的基础上，迁移创新	师：如果同学们按这个步骤图去做，那么做出的扇子都是一样的！那么怎样才能做出一个与众不同的扇子呢？我们一起来看大屏幕，这些漂亮的扇子对你有启发吗？ 师：下面就用你准备的材料，发挥你的想象，尝试着做一把与众不同的纸扇子吧！ 生：动手做。 师：首先，我们在小组内夸夸自己的纸扇子，然后评出最具代表性的纸扇子，并填好纸扇子评价表，然后代表小组参加"十佳"纸扇子的评选，选好的纸扇子要送到老师这里。开始吧！（展示纸扇子和评价表） **纸扇子评价表** <table><tr><td>评价内容</td><td>自评星级</td><td>互评星级</td></tr><tr><td>形状</td><td>☆☆☆</td><td>☆☆☆</td></tr><tr><td>装饰</td><td>☆☆☆</td><td>☆☆☆</td></tr><tr><td>颜色</td><td>☆☆☆</td><td>☆☆☆</td></tr><tr><td>美观</td><td>☆☆☆</td><td>☆☆☆</td></tr><tr><td>语言表达</td><td>☆☆☆</td><td>☆☆☆</td></tr><tr><td>自我满意度</td><td>☆☆☆</td><td>☆☆☆</td></tr></table>	借助优秀作品展示、评价、交流，让创新意识在学生的思想深处生根发芽，从而激发学生创新意识，同时提高了学生劳动能力和审美能力。 做勤于劳动，乐于创造的生活有心人。

续表

活动内容	活动实施建议	活动目的
四、在已有步骤方法的基础上，迁移创新	师：各组的代表作品都很棒！下面老师把它们张贴到黑板上，接受全班同学的投票。投票时大家要本着公平、公正的原则。认为一组的纸扇子可以评为"十佳"纸扇子的请举手。认为二组的纸扇子可以评为"十佳"……	
	师：结果已经显而易见了，被评为"十佳"纸扇子的是……来点掌声表示对他们热烈的祝贺！	
	师：下面颁发"十佳"纸扇子小奖状，有请"十佳"纸扇子的获得者上台领奖。	
	（生上台领奖）	
	师：我们请"十佳"纸扇子的获得者说说获奖感言，谈谈自己在制作纸扇子有什么好的做法。	
	生：交流做法。	
	师：看来除了折叠技法，绘画技巧和整体构思也是很关键的！听了这么多的好做法，希望这个发现对大家有所提示！	

活动内容	活动实施建议	活动目的
五、赏评作品、畅谈收获	欣赏评价：完成后组内欣赏、完善；基本完成后，举起扇子互相欣赏、点评。 2. 畅谈收获。	为善于合作、圆满完成任务的小组点赞；没完成也不一定是我们合作的不好，反倒可能是我们的创意太多。

中年级

◎ 项目二：纸编

（一）项目情境

为引领学生走进编织世界，全方位感受纸编作品形成的各个环节，认识日常生活和周围环境中常见的原材料，了解编织的常用手法和制作的一般过程，学习设计、制作简单的编织工艺品，培养其审美情趣和审美素养，初步形成科学严谨的态度与技术创新的意识。结合学校办学特色和劳动标准要求，我们确立了传统工艺制作——纸艺编织项目。

该项目实行课内外、校内外相结合，让学生在自主、合作、探究的实践过程中感受到纸编的乐趣。既深化了艺术培养的教育成果，也赋予了学校特色教育新的内涵。

（二）项目目标

1. 了解我国的民间传统工艺——编织，认识并掌握编织工艺的基本技法——方格编织，会用纸条编织杯垫，提高动手动脑能力。

2. 尝试改变编织条的形状，编出更多花样，感受编织的乐趣；

3. 通过编织作品，激发民族自豪感，培养审美能力，陶冶美的情操，发挥创造思维能力和想象能力。

4. 在活动中渗透情感教育，懂得分享与感恩。

（三）项目描述

本项目让学生全方位感受纸编作品形成的各个环节，充分调动学生的积极性，感受美、理解美、表现美，培养其审美情趣和审美素养。活动实行课内外、校内外相结合，让学生在自主、合作、探究的实践过程中感受到纸编的乐趣。这一活动课程，既深化了艺术培养的教育成果，也赋予了学校特色教育新的内涵。本项目属于生产劳动，在三年级实施。

（四）项目准备

1. 彩色纸条、剪刀、固体胶棒。

2. 相关知识的课件。

3. 教师制作的作品范例。

（五）项目评价

评价内容	自我评价			小组评价		
	A	B	C	A	B	C
设计构思有创意						
制作技法运用灵活						
作品结实造型美观						
具有实用性或观赏性						
总评						

（六）项目实施

1. 实施建议

本项目与语文、音乐、美术、信息技术等学科整合，通过学习、实践、交流提高语文素养；通过欣赏、展评提高学生的审美能力。运用摄影、信息技术保留制作过程中的瞬间，记录自己制作过程中的所见所感。

通过学校、家庭、社区三结合实践课程的学习，深化适应社会生活和进一步发展所必需的重要知识、经验和技能，具有初步的自我服务、社会服务能力，具有初步的创新精神和实践能力。在情感态度和价值观方面得到充分发展。

学校定期开展纸编作品评比，定期选取优秀作品在班级文化墙、走廊及学校作品墙上展示，增添校园纸艺文化氛围。

2. 课时案例

※ 任务一（第一课时）: 简单方格编

活动内容	活动实施建议	活动目的
作品欣赏，激发兴趣。	1. 师：同学们，今天这节综合实践课，老师首先请同学们欣赏几件作品。（展示作品） 师：它们美吗？在欣赏时，请同学们想一想：它们是用什么材料做的？（纸）它们是用什么方法做的？（挑一压一的方法穿插编织） 2. 揭示课题，引入新课。 师：编织品在生活中很常见，用彩色纸条也可以编织出美丽的图案。我们今天就来学习最基本的编织方法——方格编，它的图案特点是——形成一个个小方块，故称为方格编织。 师：下面在老师制作时，请同学们一定要专心听讲，记牢制作过程。	欣赏方格编作品，了解我国的民间传统工艺——编织。激发参与活动的兴趣。
讲解制作方法。	师边讲解边示范： 1. 将红、黄色纸条各两根摆成"井"字。 2. 取一根红色纸条，从黄色纸条上面隔一根压一根穿过。 3. 取一根黄色纸条，从红色纸条上面隔一根压一根穿过。 4. 重复上面的步骤。 小提示：每根纸条都要穿插紧密。 5. 编织到需要的大小，将纸条收紧，方格编就完成了。 师：大家一定想马上动手做吧，相信同学们一定比老师做得还要平整美观！	认识编织工艺的基本技法——方格编织。

续表

活动内容	活动实施建议	活动目的
学生动手制作	老师巡回指导，对制作困难的学生提供帮助。	掌握编织工艺的基本技法——方格编织，提高学生的动手动脑能力。
活动小结、拓展	师：今天同学们学会了方格编织的方法。那如果纸的一端不剪断，再用纸条穿插，是不是也能编织出漂亮的图案呢？试试看吧！	发挥学生的创造思维能力和想象能力，培养学生的审美能力，陶冶美的情操。

※ 任务二（第二课时）：实用纸杯垫

活动内容	活动实施建议	活动目的
作品欣赏，复习巩固。	师：同学们，上节课我们学习了用彩色纸条编织出美丽的图案——方格编织，下面我们一起来欣赏一下同学们的作品吧。（展示作品） 师：还记得它们是用什么方法做的吗？（挑一压一的方法穿插编织） 2.揭示课题，引入新课。 师：今天我们就一起学习用方格编织的方法来编杯垫。	欣赏方格编织作品，激发参与活动的兴趣。

活动内容	活动实施建议	活动目的
讲解制作方法。	（边讲边示范） 材料准备：两种颜色的纸条若干根，剪刀，胶水。 准备好了吗？老师准备了绿色和粉色的纸条： 1.首先将绿、粉色纸条对折，互相交叉穿过。 2.然后取一根粉色纸条，对折，从绿色纸条上面穿过。 3.再取一根绿色纸条，对折，从第一根粉色纸条下面穿过，再从第二根粉色纸条上面穿过。 4.重复上面的步骤。 小提示：每根纸条都要穿插紧密。 5.编织到需要的大小，将纸条收紧。 6.将编好纸条多余的部分剪掉，用胶水把边缘粘住。 7.一个漂亮的杯垫就做好了。	了解编织工艺的基本技法——方格编织。
学生制作	师：怎么样？是不是想马上动手做呢？快动手试一试吧，相信同学们一定比老师做得还要平整美观！ 做好了吗？现在我们来检查一下你做得是不是平整？是不是很紧凑很结实呢？中间有缝隙还可以再调整一下。	掌握编织工艺的基本技法——方格编织，提高学生的动手动脑能力。

续表

活动内容	活动实施建议	活动目的
活动小结、拓展	师：今天同学们学会了用纸条编织杯垫。想一想，能不能编出其他花样的杯垫呢？如果我们用这种一条边是曲线、两条边是曲线的不规则的纸条，会编出什么花纹的杯垫呢？试试看吧！	发挥学生的创造思维能力和想象能力，培养学生的审美能力，陶冶美的情操。

※ 任务三（第三课时）：纸编爱心

活动内容	活动实施建议	活动目的
探究做法，明确编制的步骤	这是已经编织好的爱心纸编，首先准备两张不同颜色的长方形彩纸，裁成宽度均匀的纸条。剪成这个样子。然后把最边上的一条和另一边的套上，一里一外的交换着编，第一条编好后，第二条与上一条的方法相同，第三条和第一条的的步骤正好相反的编。每根纸条都要靠紧密，进行压一挑一的方法交错编织。就这样交换着编完最后一条，再把心形纸编整理平整，最后用胶棒把两个边粘在一起。爱心纸编就这样编好啦！	明确的步骤，对学生的探究活动起到了引领的作用。

活动内容	活动实施建议	活动目的
花样编织	1.引导创新 利用印画环节板画的图样，启发：除了可以剪成相同长短、宽窄的直线，还可以怎样剪？裁剪的宽窄可不可以有变化？请学生上台画一画。评析怎么样？有没有问题？通过演示明确切割线的终点一定要在横线处。 2.精品欣赏 直线、曲线、弧线还可以组合变化出更多的花样，接下来我们一起欣赏一组心的花样编织。 学生欣赏，引导学生看不同颜色的搭配，不同图案的呈现，补充板书：多姿多彩 3.激发创作 为每组学生提供四五份不同的编织花样，出现问题可稍加点拨，或请学生互相帮助解决。	启发学生运用刚才学到的编织方法迁移运用到花样编织上，巩固学过的编织方法。
真情速递	1.展示心的花样编织，想想最想送给你，想对他们说些什么。 2.营造氛围，赠送礼物。这颗心可以是送给父母的感恩之心，也可以是送给师长的敬畏之心，可以是送给同学的友爱之心，更是送给远方客人的真挚问候。尊敬的师长，亲爱的同学就在我们的身边，远方的客人今天也来到我们的课堂，同学们，还等什么，让我们走到他们身边，把爱大声说出来。	让每个学生都得到展示自我、情感表达的机会，同时锻炼他们的口语表达能力。

高年级

◎ **项目三：纸雕**

（一）项目情境

"幸福纸艺"作为学校特色，学生从入学开始便在课程指导下循序渐进的学习各种纸艺制作技法，学校里几乎"人人懂纸艺、个个会纸艺创作"，临近毕业，学生在紧张学习的同时，也开始忙着准备与老师、同学们的分别礼物。孩子们首选的便是用自己的双手亲自制作一件精美作品，送给朝夕相伴 5 年老师、同学留作纪念，纸雕贺卡是很多同学的首选，便于保存，也能够书写自己的思念与祝福。

（二）项目目标

1. 在设计、剪切、折推造型中，了解剪纸、折叠、弯曲、切挖等纸雕创作的基本技法，感知立体贺卡的制作特点，提高动手操作及审美能力；

2. 小组合作，在观察、拆解作品的基础上，探究制作步骤，提高合作意识与能力；

3. 了解生活与艺术的关系，感受纸雕艺术的丰富多彩。

（三）项目描述

本项目结合五年级学生的年龄特点，通过贺卡对比，感知立体贺卡的创作特点；探究制作立体贺卡的做法与一般步骤；根据自己的需要，创新制作立体贺卡。在实践中提高动手操作、创新能力及审美能力，培养合作意识与团队精神，感受生活的丰富多彩。

本项目属于生产劳动中的传统工艺制作，在五年级实施。

（四）项目准备

1. 不同造型的纸雕立体贺卡作品；条形立体造型贺卡范例多个（每组一个）；多媒体课件。

2. 长方形卡纸、彩纸，剪刀或刻刀，胶棒、双面胶，彩笔或装饰物等。

（五）项目自评

1. 能通过观察、拆解作品等方式，了解立体贺卡的特点和制作方法；

2. 在实践过程中，乐于探究、合作，敢于质疑和经验分享；

3. 制作立体贺卡，大胆向他人表达自己的心意，送出自己的爱。

（六）项目实施

1. 实施建议

本项目与数学、语文、美术、信息技术等学科整合。贺卡的制作需要构图设计、测量计算，是数学技能的实践应用；制作时，对自己作品构思意义的描述、交流探讨，是学生的口语表达能力提升的过程；色彩的搭配，造型的设计又使学生潜移默化地受到美的教育，培养审美能力。

学生的作品可以进行班级、年级展评，精品进行微信推介，增添校园纸艺文化氛围。

2.课时案例

※ 任务二（第二课时）: 纸雕贺卡

活动内容	活动实施建议	活动目的
一、激趣导入 1.平面与立体贺卡对比。 2.课件展示各种立体贺卡: 学生感知立体贺卡的突出特点。	1.出示实物: 平面、立体贺卡; 课件展示: 各种造型的立体贺卡。 2.组织学生观察发现。	感知纸雕艺术的特点，激发学生创作纸雕贺卡的欲望。
二、探究做法 1.探究制作步骤: （1）每小组提供一份范例，学生通过观察、拆解作品，尝试总结制作方法与步骤。 （2）重难点探究: 怎样做出贺卡的立体效果? 学生进行演示，教师引导学生了解 2.回顾总结纸雕创作技法: 剪纸、折叠、弯曲、切挖	1.探究制作步骤: （1）运用方法: 观察法、拆解法。 生总结: 先画再剪，最后粘贴装饰。 师生整理并板书制作步骤: 对折、设计、剪刻、折起、推进、粘贴、写话、装饰。 （2）重点引导: 怎样呈现贺卡的立体效果? A 小组探究，集体交流。 B 借助小视频研究。 C 利用剪好的半成品折推立体造型。 2.交流技法，总结板书。	小组合作，在观察、拆解作品的基础上，探究制作步骤和技法，提高合作意识与能力。

活动内容	活动实施建议	活动目的
三、共同创作 1. 创作立体贺卡：以小组为单位，可以合作创作，也可独立完成。 2. 小组自评、互评作品并改进。	1. 温馨提示： （1）设计时画好折叠线与切割线，折叠线不能切； （2）折推造型时，先沿折线正反方向分别折出折痕，再向里推立体造型。 （3）观察粘贴部位。 2. 教师各组巡视，发现问题可引导全班学生商讨解决；确有必要，可亲自指导、帮助。	1. 运用剪纸、折叠、弯曲、切挖等纸雕创作技法进行设计、剪切、折推造型、装饰，完成立体贺卡的制作。 2. 提高动手操作、创新能力、审美能力。
四、展示评价 各组展示优秀作品，他组点评。	1. 组内评价。 2. 集体交流，互相点评。	提高学生的语言表达能力与鉴赏能力。
五、拓展延伸 欣赏各种纸雕作品。	课后修改完善自己的作品；欣赏更多的纸雕创作。	激发探究纸雕艺术的兴趣。

※ 任务三（第三课时）：创新纸雕贺卡

活动内容	活动实施建议	活动目的
一、引入课题 欣赏上节课的贺卡，引导发现，揭题：创新纸雕贺卡。	1. 观察赏评作品。 2. 问题引导：如果收到的贺卡一模一样，有何感受？ 发现贺卡缺少新意。	懂得再精美的作品，如果千篇一律也会失去光彩；理解赠送一个富有个性的创新贺卡更能表达出自己的爱意。

续表

活动内容	活动实施建议	活动目的
二、创新设计 1.板书制作步骤，借问题引导创新。 2.教师启发引领，各小组在原设计稿上尝试创新。	1.回顾制作步骤，寻找创新点。你觉得哪个环节最容易创新? 预设:设计、装饰。 2.原来的设计还可以怎样变化? 各小组在原设计稿上进行创新。 集体交流:展示各组的创新设计稿。 小结:切条的宽窄、长短、数量都可以改变。	提高学生的探究意识与能力;培养想象力与创新能力。
3实物演示:切条最长不要超过贺卡宽度的二分之一。	3.展示课件补充引导:切条由直线变为曲线会怎样? 教师引导学生想象它像什么? 引导学生想象它像什么? 预设:像双层蛋糕，像花篮，还像热气球的底座。课件呈现成品图。 4.如果只有一条切口，能做出立体效果吗? 小组合作试一试，教师适时点拨，并请成功小组上台展示做法，其他学生跟着学一学。	

活动内容	活动实施建议	活动目的
三、合作创作 1. 出示评价标准：美观、表情达意，可从"构图、色彩、表现手法、表达心意"等方面进行创新。 2. 在规定时间内（10分钟）小组合作完成作品。	1. 学生创作，可以独自设计制作，也可合作完成。 2. 温馨提示： 合理分工 适时合作 勇于探究 敢于求助 3. 教师巡视指导，发现问题及时引导、帮助。 4. 重点关注设计有困难的学生，可给具体建议或帮助，使之顺利完成作品。	培养学生的合作意识和责任意识；提高动手操作能力及审美能力。
四、展评谈收获 1. 赏评作品 2. 畅谈收获。	1. 各组赏评作品。 （1）先完成的学生组内协作完成，互相修改意见。 （2）集体交流。选两份代表作从构图、色彩、表现手法、表达心意等方面进行评价。如：立体心造表达对妈妈的爱；红黄色彩搭配醒目，加上气球和花朵等装饰，更加美观。 2. 学生参照课件提示谈收获。	提高语言表达能力，激发学生的感恩情怀。

续表

活动内容	活动实施建议	活动目的
五、拓展延伸问题引领：除了切条改变，立体贺卡还可以怎样变？	欣赏更多纸雕贺卡；课后继续探究。	激发探究欲望。

※ 任务四（第四课时）：特别的爱送给特别的你

活动内容	活动实施建议	活动目的
一、创设情境毕业季互送礼物；展评上节课作品。	1. 组内展示、欣赏； 2. 全班展示，学生自由观赏。	互相学习，取长补短；感受同学友情，师生情。
二、探究更多做法 1. 提供折扇贺卡、花球贺卡、蜡烛贺卡等范例，学生拆解探究。 2. 交流重难点 3. 借助课件，突破重难点。	1. 学生选择自己喜欢的贺卡进行探究。观察、拆解。 2. 各组交流重难点及突破策略。 3. 观看课件、视频，突破重难点。	提高学生自主探究能力、合作能力，增强解决困难的信心。

活动内容	活动实施建议	活动目的
三、设计创作 1.选择对象，构思设计一款专属纸雕贺卡。 2.学生创作，教师指导。	1.学生以小组为单位交流，构思设计。 2.温馨提示： 合理分工 适时合作 勇于探究 敢于求助 3教师巡视，适时进行指导。	提高小组合作能力和动手操作能力。
四、展示评价 1.讲评作品。 2.赠送礼物。 3.畅谈收获。	1.各组展示作品，讲解贺卡的做法。 2.现场赠送或模拟赠送分别礼物。 3.交流收获。	会做敢说，培养学生的综合素养和感恩之情及对纸雕艺术的热爱。

新技术体验与应用

一、项目背景

《关于全面加强新时代大中小学劳动教育的意见》中明确强调劳动教育要"体现时代特征，适应科技发展和产业变革，注重新兴技术支撑和社会服务新变化。改进劳动教育方式，提高创造性劳动能力。"《义务教育劳动课程标准（2022 年版）》指出，在生产劳动中要体现中华优秀传统文化和工匠精神的手工劳动内容，适当引入体现新形态、新技术、新工艺等的现代劳动内容。当前，随着科学技术的迅猛发展，新技术在提高生产效率、创造性解决问题等方面的作业越来越突显，人们的劳动生产和生活方式发生了新的变化。

学校是实施劳动教育的重要场所，除了让学生认识劳动意义，树立正确的劳动意识外，还要激发学生劳动创新意识。各学校可以结合校情、学情有针对性地设计体现时代特征的新技术劳动项目，充分用新技术劳动教育赋能，创新劳动教育课程实施路径，探索与时俱进的劳动教育方式，培养学生劳动素养，让学生成为新技术时代有知识、爱劳动、能创新、善思维的新时代少年。五至六年级这个年龄段的学生生性活泼好动，猎奇心理很强，随着他们生活常识与文化知识的积累，已具备一定的独特分析和思考能力。喜欢通过动手动脑在集体中标新立异、表现自己，因此融入新技术的劳动创作更能激发对劳动技术发展的崇拜与追求。本项目旨在让学生了解科技会取代传统的劳动项目，学生在结合科学、信息科技等学科设计中，使用工具、开源硬件、编程技术，完成劳动作品的设计与创造任务，从而提升学生创造性劳动的能力。

二、项目目标

学段	内容要求	素养表现	活动建议
第三学段（5-6 年级）	1. 选择 1-2 项新技术，初步进行劳动体验与技术应用。 2. 了解新技术的加工原理、适用材料、加工范围、主要特性等。	1. 在工艺品制作生产劳动中，初步形成劳动创造财富的观念，认识劳动对社会进步的意义。 2. 运用生产知识与技能，选择合适的工具、材料，合作完成产品的设计与制作。	1. 正确理解新技术的广泛应用对美好生活及社会发展具有重要意义。 2. 能综合运用多学科知识和多方面经验解决劳动中出现的问题，发展创造性劳动的能力。

学段	内容要求	素养表现	活动建议
第三学段 （5-6年级）	3. 可以识读产品技术图样，并应用和记录其带来的新变化。 4. 感受新技术在生产效率、产品质量及创造性解决问题等方面所带来的作用。	3. 在劳动过程中主动承担力所能及的劳动，养成安全劳动、规范操作的劳动习惯。 4. 初步形成不畏艰辛、积极探索、追求创新的精神。	3. 在创作过程中，能够虚心接受他人的建议完善作品，珍惜自己和他人的劳动成果。 4. 遇到困难不惧怕敢于迎难而上，对待劳动成果要精益求精，追求卓越的工匠精神。

三、项目架构

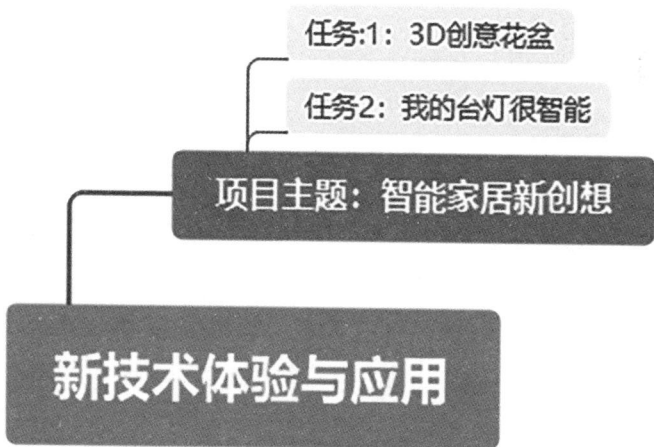

任务:1：3D创意花盆

任务2：我的台灯很智能

项目主题：智能家居新创想

新技术体验与应用

四、项目内容

学段	内容	目标
第三学段 （5~6 年级）	1.3D 创意花盆 2. 我的台灯很智能	通过三维打印、零件组装、安装硬件、编写程序等劳动体验与技术应用中，了解 3D 打印和智能控制技术的主要功能、基本工作过程、常用参数设置及简单的使用方法，识读产品技术图样，并根据图样进行产品的加工，能与真实的生活或生产问题相结合，完成项目设计和产品模型。初步形成劳动效率意识和劳动质量意识。

五、项目准备

1. 场所准备

根据劳动课程内容确定项目实施的劳动场所为：创客实验室或微机教室。

2. 工具与材料准备

所需工具材料为电脑、3D 打印机、ArduinoUNO 主控板、RGBLED 灯、杜邦线、数据线、激光切割台灯组件、热熔胶枪、螺丝刀、螺丝、胶带、剪刀、扎丝等常见元器件设备和工具。

六、项目设计

新技术体验与应用主题：智能家居新创想

（一）项目情境

随着人工智能物联网技术的不断发展，生活用品的智能化程度也越来越普及，人们对一些家具物品的人性化、智能化设计要求也越来越高。在学校发出"智能家居新创想"活动倡议后，五年级学生确认了"3D创意花盆"和"我的台灯很智能"这两个研究任务，提出各种问题和创想，并进行讨论和验证，最终确定项目实施方案。

（二）项目目标

（1）知道当下三维设计和智能控制技术对人们学习、生活等方面应用的广泛。

（2）通过识读台灯拼装的图样，能在团队协作中将台灯组装成功；能在认识RGBLED灯，使用Mind+软件控制LED灯的亮灭、强度等一系列体验过程中，掌握加载RGB模块、设计智能台灯的新技能。

（3）在设计花盆和智能台灯过程中，能设计并制作简单的花盆造型和台灯模型，并独立完成技术测试，能够虚心接受他人的建议完善作品，珍惜自己和他人的劳动成果。

（4）在劳动中能不断追求品质、精益求精。树立劳动光荣、技能宝贵、创造伟大的观念。

3. 项目描述

本项目选择三维设计和智能控制技术，初步进行劳动体验与技术应用。通过亲身感知的需求，拟定创意花盆和智能台灯设计方案，引导学生具备项目规划和合作能力；通过识读台灯拼装的图样将激光切割图形组装成台灯实物，在由平面到立体的演变中引导学生空间思维和创新意识；通过用 3Done 设计花盆和 Mind+ 软件编写程序，感受智能家居设计与控制这两项新技术的魅力，体悟创新对人们生活带来的便利及对社会发展做出的贡献。本项目属于生产劳动，在五年级实施。

4. 项目准备

（1）学生准备：螺丝刀、胶带、剪刀

（2）教师准备：电脑、课件、视频、3D 打印机、激光切割台灯组件、ArduinoUNO 主控板、RGBLED 灯、杜邦线、数据线、热熔胶枪、螺丝、扎丝

5. 项目评价

本项目以过程性评价和发展性评价为主，贯穿自评、互评和师评。通过线上实时获取学生掌握情况并向全体反馈评价。

（1）能熟练使用 3Done 软件设计创意花盆。

（2）会使用 3D 打印机打印出成品模型。

（3）能依据图示按步骤将台灯组件组装起来，且安装上硬件设备。

（4）制作"创意花盆""智能台灯"，并应用到现实生活中。

（5）积极参与"创意成果展"活动，分享自己的创意劳动作品。

（6）结合五年级"成长胸章"（自信章、乐群章、会学章、好奇章、担当章、创意章）活动进行评价。

七、项目实施

1. 实施建议

（1）从《义务教育信息科技课程标准（2022年版）》和《义务教育劳动课程标准（2022年版）》来看，信息科技中的跨学科主题"小型系统模拟""互联智能设计"与劳动任务群中的"新技术体验与应用"有着密切的联系："掌握一项新技术的使用方法，知道其工作原理，根据需要制作简单的产品原型。""初步具有亲近新技术的情感和使用新技术进行劳动的意愿。""在跨学科主题教学中树立学生的劳动意识，渗透劳动教育理念，培养学生的劳动价值观。"因此，本案例以"智能家居新创想"为主题，通过创意设计、3D打印、智能控制，拓展学生对劳动内涵的认知，在创造性劳动的实践中达到综合育人的教育目标。

（2）组织学生调研所在地区工场、企业新技术；选择某项新技术进行劳动实践体验，与技师、工程师交流某项新技术对生产、生活的价值；充分借助所在地区高新技术和高新产业发展特色优势，组织参观体验。

（3）带领学生到少年宫、青少年创客中心、学校创客空间等地进行实地体验，深度感受小创客们通过新技术劳动创作的智能作品所带来的奇特变化。

2. 课时案例：

※ 任务一：3D 创意花盆

活动环节	活动内容	活动实施建议
师生交流——"现"花盆	同学们，老师路过你们的教室，看见了你们教室里种植了很多植物（PPT 出示教室图片），你们看我的多肉花盆，你有什么发现？教师：这些特别的花盆你知道是怎么制作的吗？ 教师：你想拥有一个 3D 打印出来的花盆吗？今天我们就一起来学习《3D 创意花盆》 板书：3D 创意花盆	将 3D 打印与生活中的事情联系，激发学生的学习兴趣。启发学生思维，引导学生快速融入课堂。

续表

活动环节	活动内容	活动实施建议
依样画瓢——"画"花盆	3D 打印需要"建模——切片——打印"三个步骤。先以一个简单的花盆为例。每小组发一个花盆，观察花盆，思考需要创建怎么样的模型？ 【任务一】： 1. 运用 3Done 软件设计一个五边形立体花盆 2. 启发学生思考如何设计模型，自学导学案	学生自学导学案，提高自主学习能力。考查学生草图绘制能力以及对新学放样、抽壳命令的使用情况。
千变万化——"刻"花盆	个性化的花盆需要特色，你可以给你的花盆刻上字。学生自主尝试任务二。 【任务二】 1. 设置：运用 3Done 软件给花盆刻上字 2.启发学生思考运用 T 工具	教师教授拓展延伸刻字功能。学生在操作的过程中有问题及时和教师交流从而达到教学目标。以生为本，让学生自己发现问题，学生帮助解决问题，学生多尝试，突破教学难点。
创意无限——"变"花盆	PPT 展示各种 3D 打印的花盆，学生联系实际生活，构思自己的创意花盆，请学生说一说自己的花盆的特色、结构、形状，哪些作用等。小组讨论学习，将要制作的个性化花盆，尝试将设想的花盆用 3Done 软件建模。	激发学生创造性思维，考查学生通过学习是否具有举一反三的能力。

活动环节	活动内容	活动实施建议
展示平台——"秀"花盆	学生保存作品，上传学习平台。按照 5 星要求相互评价 3 星：能建模一个花盆 4 星：能建模一个刻字的花盆 5 星：能建模一个有创意的花盆 按照教师和学生的评价，评选出"最佳创意奖""最佳人气作品""优秀设计师"荣誉称号，颁发教师自制的 3D 打印花盆。	量化评价目标，检测学生完成情况，赞美学生，激发学生创造的欲望。
各显神通——"说"花盆	教师：你觉得 3D 打印的花盆与传统花盆相比有什么区别？ 教师：同学们，这节课我们通过一个花盆，学会了缩放、放样、抽空、刻字、拉伸。更重要的是，我们学会了： 1. 建模的重要思想：先粗后精，就是先考虑物体的主体架构，再考虑局部。 2. 建模的重要方法：放样、抽空和拉伸。 3. 建模的重要步骤：先结构，后修饰。 掌握了使用三维打印技术开辟了一种全新的思维通道，真正实现"让思维可见，让创意有形"。	引导学生回顾本课知识点，通过对花盆的建模掌握新技术劳动在生活中的问题解决过程。

活动环节	活动内容	活动实施建议
	活动效果评价设计	

评价原则

强调诊断和促进教学作用、弱化甄别的功能、评价主体为学生、鼓励创新实践。

评价方式

1. 学生评价

1）学生自评：在课堂最后的作品展示时间，要求学生在展示作品时，先对自己的作品进行简单的自我评价，有一个初步的自我认识。

2）学生互评：学生作品展示过程中，所有同学都对作品进行评价，可以从师生共同制定的评价量表等方面进行评价，教孩子在评价他人作品时学会说"如果能……就更好了"。

2. 教师评价

1）鼓励性评价：在学生回答问题和讲解操作时，要对学生进行鼓励，鼓励要有针对性，根据孩子的特点实事求是地进行评价，这样孩子才会认为老师真正在关注他。

2）总结性评价：在学生回答问题或评价作品后，教师要做出总结性评价，总结性评价力求客观，但也要以表扬、鼓励为主。

3）网络学科学习平台展示及评价：

在教师和学生之间评价之后，学生在此修改作品，并将作品上传到学科学习平台，根据教师和学生一起制定的评价量表，教师和学生对修改后的作品进行五星评价及写评语。

本课主要包括**过程性评价**和**总结性评价**两个部分，其中：

活动环节	活动内容			活动实施建议
过程性评价				
内容				
兴趣态度	兴趣浓厚，态度积极	有兴趣，参与度一般		积极性不高，被动参与
学习习惯	认真倾听，勤于思考，积极发言	基本按照要求		未按要求，违反课堂纪律
自主探究	主动尝试，习得新知，并且会主动迁移新知	在同伴的帮助下尝试，学会新知		主动学习能力较差，不会通过旧知识的迁移，学会新知识
总结性评价				
内容				
完成度	90%以上学生完成花盆建模	70%以上学生完成花盆建模		50%以上学生完成花盆建模
功能性	会运用放样、抽壳、T 工具，掌握建模的重要思想和方法	会运用放样、抽壳功能		会运用草图、放样功能
美观性及创造性	有良好的审美意识，和一定的创造性，最后能创建个性化的花盆，有自己的设计	能完成五边形花盆建模，但没有个性化的方面		能创建一个五边形花盆，但花盆的模型还存在问题

124

※ 任务二：我的台灯很智能

活动环节	活动内容	活动实施建议	活动评价
确定主题拟方案	**情境导入：** 同学们，在我们日常学习和生活中会经常使用台灯，你在使用台灯的时候，遇到过什么问题？有想过怎么解决吗？	出示视频，播放小寻同学在学习中使用台灯遇到的困难；组织观看，引导学生思考并回答改造台灯使其更智能的方法。	根据学生的回答与交流，教师进行即时评价。
	设计方案： 通过课前调查和刚才的交流，老师发现同学们对这四种台灯比较感兴趣。 1. 能够调节亮度的台灯 2. 能够光线控制的台灯 3. 能够声控的台灯 4. 能够矫正坐姿的台灯 请小组讨论，选择你想研究的台灯并填写设计单。	提供智能台灯设计方案表，以小组形式展开讨论并填写。 ＿＿＿台灯 设计方案 功能简介 草图绘制 软件、硬件需求 是否可行	通过小组分享的台灯设计方案组内学生互评。

续表

活动环节	活动内容	活动实施建议	活动评价
确定主题拟定方案	**汇报方案:** 小组代表汇报方案,共同分析可行性。	一名同学负责解说设计方案,一名同学将用到的硬件图片粘贴到黑板上。	根据学生的解说和配合程度进行互评
	共议细化: 同学们,想一想,想要做这款台灯,需要哪些具体的工作?	学生商讨一盏台灯从搭建成型到具备智能功能的具体流程。 1. 搭建模型,组装台灯。 2. 认识RGBLED灯,连接线路。 3. 编写程序,点亮台灯。 4. 选择硬件,智能升级。	组内学生互评
搭建一盏台灯	**搭建模型:** 学会拼装是新技术劳动学习的第一步,同学们可以借助桌面上的样图说明或电脑中的微课,搭建台灯模型。 	学生两人一组,通过观察说明书或微课的学习方式,合作将零件组装成台灯成品。	**自我评价:** 请根据以下标准为自己打分,本环节一共100分。

活动环节	活动内容	活动实施建议	活动评价	
搭建一盏台灯	**认识 RGBLED 灯:** RGB 是工业的一种颜色标准,是通过对红绿蓝三种颜色通道的变化以及他们之间的叠加来得到各种各样的颜色,应用非常广泛。 色光三原色: 红(Red) 绿(Green) 蓝(Blue) 	通过观看视频,让学生了解什么是 RGB,以及 RGB 在生活中的各种应用。 同时通过眼看、手摸认识今天课堂上使用的全彩 LED 灯。 	评价要点	自我评价
			1.台灯组装全部完成且牢固、美观。(30分)	
			2.认识 RGBLED 灯,了解其用处。(40分)	
			3.线路连接正确,整齐有序。(30分)	
			A(90~100分)B(80~90分)C(60~80分)	
	线路连接: 请将全彩 LED 灯与电脑、主控板连接起来。	提供主控板与 LED 灯线路连接支架,帮助其连接线路。 		

续表

活动环节	活动内容	活动实施建议	活动评价
点亮智能台灯	**编写程序点亮台灯：**全部准备工作已就绪，接下来让我们一起点亮这款灯吧。出示任务要求：1. 加载 RGBLED 模块 2. 点亮台灯 3. 熄灭台灯 4. 将台灯闪起来	借助流程图分析点亮台灯的算法。为学生提供导学案或微课，学生自主探究学习。	**互评表：**请根据以下标准为小组打分，本环节一共100分。
	添加硬件智能升级：目前为止我们已经成功点亮台灯，接下来我们一起让我们的台灯变得智能些。任务要求：小组代表自主选择元器件等辅件，合作设计各主题智能台灯主题选择：1. 能调节亮度的台灯 2. 光控台灯 3. 声控台灯 4. 可矫正坐姿的台灯	组织学生快速选择主题，小组根据所选主题完善之前的设计方案，再选择硬件开始动手制作。	评价要点 / 互评得分 1.作品介绍清晰，形式新颖。（25分） 2.智能台灯创新新颖，硬件选择合理，实用性较高。（25分） 3.程序逻辑设计严谨，编写正确熟练。（25分） 4.小组分工明确，合作默契。（25分） A（90-100分）B（80-90分）C（60-80分）

活动环节	活动内容	活动实施建议	活动评价
点亮智能台灯	**展示交流评价反馈:** 通过介绍智能台灯进行展示分享。同时针对其他小组的展示,从程序、外观、功能等方面说出改进智能台灯的优点、不足及改进建议。	学生介绍作品时可以分两方面展示。 1.作品创作过程 2.作品的功能介绍(创作过程可以是多种形式,如图片、文字、PPT等)	
	分组辩论更新观念: 新技术劳动工具已经走进我们生活的方方面面,比如扫地机器人、自动生产机器人等,它给我们的生活带来了哪些变化? 新技术劳动工具解放了我们的双手,空出我们的时间,提高我们的效率,那么是不是可以躺平,不需要劳动了呢?	学生针对老师的问题进行分组辩析,说出自己的观点和想法。	

现代服务业劳动

一、项目背景

2022 年 4 月 21 日，教育部印发了《义务教育劳动课程标准（2022 年版）》，建立了《现代服务业劳动》劳动任务群，要求根据学生的年龄特征、自身兴趣与实际条件，选择适当的现代服务业劳动项目进行参与、体验。基于课标要求，学校要结合自身教育内涵，根据学生的兴趣和特长，将现代服务业相关的劳动项目纳入学校劳动教育课程体系，培养学生的实际操作能力，组织实地参观和实习，加强对现代服务业发展的了解和认知。

对于中高年级学生来说，在学校学习中，通过各种活动能力的培养，已经逐步具备自主发现、动手操作、实践探究、合作学习等方面的能力，但对于其中出现的"社会服务"这一活动方式接触相对少一些，具体志愿服务都做什么不是十分了解，因此，在本项目主题开发与活动内容选择上，要重视学生的需求，尊重学生的自主选择，引导学生围绕"服务"主题，从不同的角度，例如：维护、宣传、环创开展探究活动，确定具体的项目内容，促进学生实践能力、服务精神和社会责任感的不断发展，使学生在服务中获得对劳动的正确认识，树立正确的劳动观念，养成热爱劳动的品质，懂得劳动创造美好生活的道理。

二、项目目标

学段	内容要求	素养表现	活动建议
第二学段 （3-4年级）	根据学生的年龄特征、自身兴趣与实际条件，在批发和零售业，交通运输、仓储和邮政业，住宿和餐饮业，信息传输、软件和信息技术服务业，金融业，房地产业，教育，卫生和社会工作，文化、体育和娱乐业，公共管理、社会保障和社会	获得参与现代服务业劳动的初步体验，对服务性劳动的类型与特征具有初步认识。体悟现代服务业劳动对于创造便利、美好生活的重要意义，形成尊重现代服务业劳动、劳动者、劳动成果的观念以及积极参	开展与学生日常生活密切相关的现代服务业劳动。例如：帮助家长收取快递，体验现代物流服务；在餐厅中利用智能设备点餐，体验现代餐饮服务；到银行、钱币博物馆、金融教育示范基地等金融实践基地，体验现代金融服务。在活动设计过程中，结合个体发展需要，充分挖掘.与现代服务业劳动教育相

学段	内容要求	素养表现	活动建议
第二学段（3-4 年级）	组织等现代服务行业中，选择 1-2 项与自身日常生活密切相关的项目进行实践、体验，如开展班徽设计等文化创意服务活动。	与现代服务业劳动的态度。体验服务性劳动中的创造性及其带来的挑战与乐趣。	关的学校资源、家庭资源、社区资源及必要的网络资源，为学生体验现代服务业劳动创造真实的环境和参与度更高的劳动条件。
第三学段（5-6 年级）	根据学生的年龄特征、自身兴趣与实际条件，选择 1-2 项现代服务业劳动项目进行参与、体验，如基于学校或社区条件体验现代物业管理，基于学校文化和师生需要开展学习用品设计等文化创意服务劳动。初步了解新兴现代服务业的类别、内容及其劳动过程与特征。	理解 1-2 项现代服务业劳动的过程与特征，以及智能技术等对服务行业发展带来的促进作用。增强公共服务意识、与他人协同劳动的意识。对现代服务业劳动中所涉及的个人信息安全问题具有初步认识。初步感知服务性劳动中的契约精神，形成诚实劳动的品质。感知爱岗敬业、乐于奉献的劳模精神。	可以结合职业体验、专题教育，开展具有高参与度的现代服务业劳动。例如：结合当地农产品的营销需要，利用互联网技术设计家乡农产品营销方案；结合当地餐饮机构资源，开展"餐饮服务体验日"活动；结合当地银行资源，开展"银行工作体验日"活动等。建议充分利用家庭资源，如聘请在服务行业工作的家长作为志愿者担任指导教师。

三、项目架构

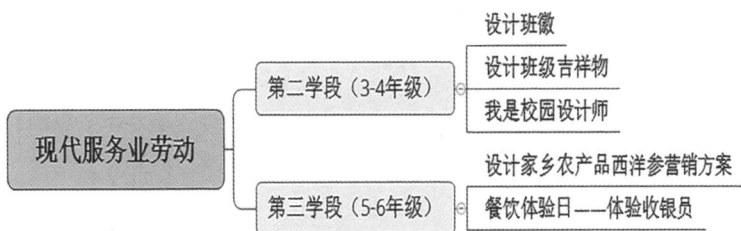

四、项目内容

学段	内容	目标
第二学段 （3-4年级）	1. 设计班徽 2. 设计班级吉祥物 3. 我是校园设计师	1. 理解标志的意义和类型，并能根据生活中的标志和班级的精神理念设计班徽。 2. 在设计班级吉祥物的过程中提高集体荣誉感。 3. 通过校园设计，培养形象思维能力，创新思维能力和初步的审美能力。
第三学段 （5-6年级）	1. 设计家乡农产品西洋参营销方案 2. 餐饮体验日——体验收银员	1. 通过资料的收集，设计西洋参的营销方案，养成正确使用互联网查资料的习惯。 2. 在体验收银员的过程中养成热爱劳动和热心服务他人的习惯，培养精益求精、一丝不苟的劳动品质。

五、项目准备

1. 场所准备

根据劳动课程内容确定项目实施的劳动场所有：班级或计算机教室；

2. 工具与材料准备

所需工具材料为卡纸、剪刀、圆规、水彩笔或油画棒、铅笔、勾线笔，同时创设项目实施的条件供学生参与实践。

【项目设计】

◎ **项目：我是校园设计师**

（一）项目情境

现在学校里的一些同学在平时的学习生活中很随便，在活动时追逐打闹；在厕所墙上乱涂乱画等很多不文明现象。我们是学校的主人，建立良好的校园文化和学习环境是我们每一位师生的责任。我们不仅要严格要求自己，还要时刻提醒大家来约束自己的言行。《我是校园设计师》本次综合实践活动从学生最了解的校园开始，通过考察，启发学生想象，让学生为某一区域设文校园提示语，通过一系列的实践活动，增强学生劳动、合作、竞争、创新的意识。共同营造出一个温馨、和谐、具有人性化氛围的教育环境。

在学校发出小小设计师的倡议后，各班积极响应，在老师的指导下，围绕"设计制作提示语标牌"这个研究项目，大家展开思维碰撞，提出各种问题，并进行讨论分类，最终确立项目的实施方案。

（二）项目目标

1. 通过一系列的实践活动，增强热爱学校、关心集体的的责任感和审美意识

2. 培养初步运用语文、数学、美术、劳动、信息技术等学科知识与技能设计作校园提示语的综合能力。

3. 通过活动，了解提示语的特点及其作用。

4. 精心布置，创造一个美丽温馨和谐的校园。

（三）项目描述

本项目结合第一学段学生的已有知识与技能，通过分组调查，了解校园哪些地方需要立提示语标牌，为什么要设立，培养学生仔细观察周围生活环境，善于发现不良现象。"设计制作提示语标牌"活动中引导学生通过积极思维，提出解决实际存在问题的有效方法，为学校设计校园提示语标牌，通过此项活动增强学生爱学校、关心集体的责任感和审美意识，培养学生明辨是非的能力。我们是学校的小主人，建立良好的校园环境和秩序是我们每一个人的责任，我们不仅要严格要求自己，还要时刻提醒大家来约束自己的言行。

（四）项目准备

1. 学生准备：

（1）课前调查学校校规、校训和其他提示语的设置情况，并观察了解师生的在校行为。

（2）彩笔、尺子、铅笔、剪刀等学习用具。

2. 教师准备：各种板材（吹塑纸、泡沫板、纸板、彩色复印纸等）。

（五）项目评价

1.根据观察和了解，分享交流校园内哪些提示语设计得比较好。

2.在行语言设计和版面策划时，大胆想象和创新，突出自己的特点。

3.知道与组内其他成员进行合理分工与合作，能够根据提示语内容和实际环境要求来选择材料。

4.展示各组作品，大家共同参观，并评选出优秀作品并颁奖。

（六）项目实施

1.实施建议

以《我是校园设计师》这个项目为主，将项目融入相关学科课程中，如语文、美术等。通过学科课程教学，培养学生的语言表达能力和审美素养，使其具备设计标语的基础知识和技巧。也可以要求设计相关的专业老师和行业专家可以进行专题讲座，分享标语设计的原理、技巧和实际案例，指导学生掌握有关标语设计的专业知识和实践经验。与校外设计公司、广告公司等合作，开展设计竞赛或实践项目，为学生提供更广阔的学习和创作平台，丰富他们的设计经验。还可以与社区、商业场所等合作，设计宣传标语，为学生提供展示自己作品的机会，并提高作品的影响力。

2.课时案例：

小学生劳动项目设计与实施

※ 任务一：实地调查

活动内容	活动实施建议	活动评价
教师播放多媒体录像（内容为：草坪上，小朋友乱踩小草；过道里，小朋友奔跑摔跤；厕所里，洗手后忘关水龙头……）	教师课前录制好视频	知道我们是学校的小主人，建立良好的校园环境和秩序是我们每一个人的责任。我们不仅要严格要求自己，还要时刻提醒大家来约束自己的言行。
让你做我们学校的小小设计师，你应当做哪些事情？	先想一想，然后小组互相讨论自己的计划。	讨论出以下符合实际的活动方案
成立调查组	根据学生的兴趣、特点及活动需要让学生自主分成两大组。	便于实地考察并记录
分组调查	（1）利用课间巡视校园各个部位和角落，仔细寻找学生违规现象及地点。填写《学校违规现象统计表》《校园温馨提示语集锦》，还可以用照相机、录像拍摄下来。	明确哪些地方需要设置提示语
实地调查，填写学校违规现象统计表	深入校园各个部位，寻找学生违规现象及地点。	为制作提示语做准备

138

第 2 课时：设计制作提示语标牌

活动内容	活动实施建议	活动评价
课前同学们以组为单位调查了学校校风、教风、学风、校训和其他提示语的情况，并观察了解师生的在校行为。根据同学们调查的情况，谁来说一说，你认为学校哪些地方需要设置提示语？为什么？	让学生搜集各种校园提示语，了解它们的作用及安置地点。	为我们的学校设计一些提示标志牌，让它时时提醒同学们的言行。
讨论：你准备为学校的哪个地方设计提示语？	学生可以通过上网搜集、查阅书籍、实地观察，搜集一些校园温馨提示语，以用照片、图片等形式记录下来，并写出它们的名称、作用以及安置的地方。	培养团队合作和沟通能力，学会与他人合作共同完成一项任务。
制作提示牌	可以运用已有的语文、美术等学科知识与技能尽情地发挥。	在进行语言设计和版面策划时，大胆想象和创新。锻炼设计能力和表达能力，提高创意思维和艺术修养。

活动内容	活动实施建议	活动评价
展示与评价	1. 展示各组作品，大家共同参观。 2. 通过投票评选出优秀作品并颁奖。	1.让设计得到全校师生的认可和喜爱，提高自信心和荣誉感。 2.通过展示和投票的方式，让设计成为学校文化的一部分，激发全体师生的共同努力，共同建设美好校园。
课堂总结	1. 引导学生进行自我评价。 2. 组织学生进行互相评价。 3. 根据活动情况教师做总结评价。着重对学生的参与意识、综合能力表现以及创精神进行评价。	增强自信心，发展创新思维。增强对学校的归属感和参与感，培养对校园环境的关注和维护意识。

劳动素养评价量表

评价内容	参考性评价指标			评价方式		
	☆	☆☆	☆☆	自评	互评	师评
劳动观念	在老师和家长的帮助下，能够参与劳动实践，喜欢劳动，参与劳动。	在老师和家长的帮助下，能够参与劳动实践，比较喜欢劳动，能够主动参与劳动。	能够自觉参与劳动实践，非常喜欢劳动，积极参与劳动。			
劳动能力	了解提示语的特点和作用，能初步设计简单的提示语。	了解提示语的特点和作用，设计简单的提示语，并能进行简单的装饰。	了解提示语的特点和作用，能够运用语文、数学、美术、劳动、信息技术等学科知识与技能设计作校园提示语。			
劳动精神	基本能够做到不怕苦，不怕累。	能够做到不怕苦，不怕累，勤俭节约。	能够做到不怕苦，不怕累，勤俭节约，追求创新。			

能力评价量表

评价内容	参考性评价指标			评价方式		
	☆	☆☆	☆☆☆	自评	互评	师评
善于倾听	能做到安静、认真地倾听老师的讲解。	不但认真倾听老师讲解，同学发言也能做到安静有序。	在安静倾听的基础上能提出自己的疑问。			
积极表达	每节课能主动在小组或全班发言1-3次。	被小组推荐发言且讲述有理有据。	能够针对别人的观点提出意见或者发表不同的能给他人带来启发的观点。			
乐于思考	能在老师的指导、同学的启示下，思考问题、解决问题。	主动思考活动中出现的问题，能通过小组合作解决问题。	不但能够思考活动中出现的问题，还能主动提出问题、解决问题。			
小组合作	能虚心听取别人意见，完成自己分担的任务。	能积极参与讨论，能与他人友好合作，有成功感。	不但自己能完成任务，还能协助、指导其他成员。			

续表

评价内容	参考性评价指标			评价方式		
	☆	☆☆	☆☆	自评	互评	师评
学会审美	能够在老师的指导下，选出优秀小组。	通过小组合作，能在小组同学启发下多角度评价活动。	能够发现活动过程的优缺点，并能进行自我改善。			

活动评价量表

评价内容	参考性评价指标			评价方式		
	☆	☆☆	☆☆	自评	互评	师评
活动参与	能按照老师要求参与活动。	积极参与活动，并能在活动中质疑思考。	积极参与活动，并在活动中之一考虑，想象创新。			
小组合作	能虚心听取别人意见，完成自己分担的任务。	能积极参与讨论，能与他人友好合作，有成功感。	不但自己能完成任务，还能协助、指导其他成员。			
解决问题能力	能解决问题，但方法很麻烦。	能想到简单方法解决问题。	能利用多种方法解决问题，并能择优选最巧妙的方法。			

续表

评价 内容	参考性评价指标			评价方式		
	☆	☆☆	☆☆	自评	互评	师评
所及资料 和调查 能力	能在同伴帮助下完成资料收集和调查。	能独立完成资料搜集和调查。	独立完成资料搜集和调查，并能进行总结和分析。			

公益劳动与志愿服务

一、项目背景

　　《中小学综合实践活动课程指导纲要》中指出，"社会服务主题内容可以各不相同，如公益劳动、环保志愿者等，但都必须让学生经历发现服务对象及其需要、制定服务活计划、开展服务行动、反思服务经历、分享活动经验等关键环节，才能收到应有的育人效果"。《义务教育劳动课程标准（2022年版）》中指出，"义务教育劳动课程以培养学生的核心素养为导向，围绕日常生活劳动、生产劳动和服务性劳动，以任务群为基本单元，构建内容结构。其中，服务性劳动让学生利用知识、技能等为他人和社会提供服务，在现代服务业劳动、公益劳动与志愿服务中认识社会，树立服务意识，体悟劳动中人与人、人与自然、人与社会的关系，强化社会责任感"。

　　劳动创造美，劳动是生存的本能。学校是实施劳动教育的重要场所，具有很好的劳动教育资源。各学校可以结合校

情、学情有针对性地设计劳动项目。劳动项目是落实劳动课程内容及其教育价值，体现课程实践性特征，推动学生"做中学""学中做"的重要实施载体。现在的学生独生子女居多，虽然二孩政策已经放开，很多孩子有了兄弟姐妹，但是对待一些人际关系和自我评估的方面还是有所欠缺，集体意识、责任感还存在严重不足，甚至有的孩子"凡事提钱，唯利是图"的现象也不罕见，因此，公益劳动和志愿服务项目当从小做起。

本项目旨在让学生通过丰富的校内实践活动延伸到校外的一个过程，在此过程中体悟劳动中人与人、人与自然、人与社会的关系。逐步形成对家庭、对学校、对社区负责任的态度，从而大大地丰富其社会关系，增强其公共服务意识、社会责任感和担当精神。

二、项目目标

学段	内容要求	素养表现	活动建议
第二学段（3-4年级）	1.以校园、社区为主，参加1-2项力所能及的公益劳动与志愿服务，利用自身的知	1.认识到学校、社区中存在多种公益劳动和志愿服务的需求与机会，初步具有以自己的劳动服务	1.基于学生已有的日常生活劳动技能、生产劳动技能，开展适合学生年龄特征与能力水平的公益劳动与志愿服务活动，如为学校门卫、公

续表

学段	内容要求	素养表现	活动建议
第二学段 （3-4年级）	识与技能、创造的物质产品与精神产品等，满足他人需要、帮助他人解决问题。 2.初步了解学校与社区中公益劳动与志愿服务的需求、形式与内容，体验多种服务性劳动过程。	学校、服务社区的信心与能力。 2.初步形成主动关心他人的意识和公共服务意识，体悟以自己的服务性劳动为他人创造便利的自豪感与幸福感。 3.初步学会与他人合作劳动，形成尊重劳动和普通劳动者的态度，以及感恩他人劳动付出的劳动情感。	交车司机等劳动者制作传统节日卡片等，向他们表达问候与感谢。 2.在活动过程中，注意充分挖掘普通劳动者的劳动品质、劳动精神等，学生了解普通劳动者对社会的贡献。考虑到学生的年龄特征，可以更多地采用以班级为单位的集体服务性劳动形式，如组织开展图书、衣物、玩具捐赠活动或义卖活动等。 3.在活动过程中，指导学生记录公益劳动与志愿服务经历，提供交流与展示服务性劳动过程与成果的机会，如开展志愿服务项目成果展示等。

147

学段	内容要求	素养表现	活动建议
第三学段 （5年级）	参与1-2项公益劳动与志愿服务劳动项目。例如：参与校园绿化环境维护、卫生监督等学校事务管理，为同学和老师提供劳动服务；以小组为单位，在老师或父母的帮助下，为当地养老院老人制作节日食物，分享节日的喜悦；为公共图书馆、科技馆、纪念馆、植物园、动物园、流浪动物救助站等公共空间与社会机构提供服	1.了解公益劳动与志愿服务中的调查、准备、组织、实施、反思等环节，在服务性劳动过程中形成发现问题、关注他人需要与服务他人的意识与能力，进一步发展筹划能力。 2.形成积极主动参与学校公共事务管理的劳动态度。体会服务社区的意义，增强公共服务意识，初步形成社会责任感。	1.根据学校、社区的实际需要与条件，立足社会现实问题，设立或选择主题性的公益劳动与志愿服务项目，如结合特定时期的公共卫生服务需要，开展"防疫我能行"等主题活动。也可以结合国际消费者权益日、老年、教师节等，开展针对特定社会群体的公益劳动与志愿服务。 2.在开展公益劳动与志愿服务之前，指导学生进行必要的调研活动，了解服务对象的真实需要，并以此为基础来实施。 3.在公益劳动与志愿服务结束之后，指导学生对服务过程与结果进行反思和总结。

学段	内容要求	素养表现	活动建议
第三学段（5年级）	务性劳动，以自己的实际劳动参与社会公共空间建设；在学校、家庭、社区中开展疫情防控等公共卫生服务宣传活动，关爱他人的健康等。		

三、项目架构

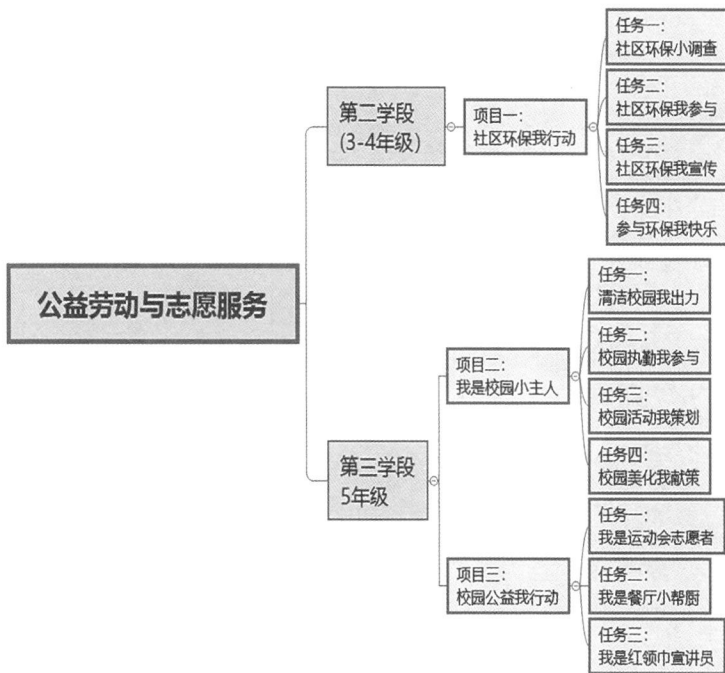

四、项目内容（根据架构把内容具体化）

学段	内容	目标
第二学段 3-4 年级	1. 创意小花盆。 2. 搭建图书角。 3. 班级文化墙。 4. 清除校园落叶。 5. 清理积雪。 6. 绿植越冬。	参加校园卫生保洁、垃圾分类处理、绿化美化等劳动，适当参加社区环保、公共卫生维护等力所能及的公益劳动，初步体验简单的现代服务业劳动，初步形成公共服务意识。
第三学段 5 年级	1. 设施常擦洗。 2. 消杀清理共享座椅。 3. 清除社区小广告。	主动参加校园卫生保洁和环境美化等劳动，积极参加社区环保、公共卫生维护等力所能及的公益劳动，进一步体验新技术支持下的现代服务业劳动，形成关爱他人、积极参与社区建设的劳动意识和能力，增强公共服务意识，初步形成社会责任感。

五、项目准备

1. 场所准备

根据劳动课程内容确定项目实施的劳动场所有学校、家庭和社区等场所；

2. 工具与材料准备

所需工具材料为笤帚、撮子、抹布、清洁洗涤用品、相关知识的课件以及一次性手套等，同时创设项目实施的条件供学生参与实践，同时创设项目实施的条件供学生参与实践。

【项目设计】

◎ 项目一：社区环保我行动

（一）项目情境

为营造温馨的社区环境，我们要积极参加社区环保行动。

（二）项目目标

（1）开展社区环保调查活动，加深对社区环境的认识和了解。

（2）参加社区劳动实践活动，为社区环保付出实际行动。

（3）参加社区环保宣传活动，让更多人认识和理解社区环保的重要性。

（4）在参与社区环保行动的过程中，体验劳动的成就感，树立环保意识和公共服务意识。

（三）项目描述

本项目结合四年级学生的年龄特点，通过社区环保调查、参与社区环保活动，引导学生了解社区环境并通过实践劳动为社区环保做出自己的贡献；通过社区环保宣传活动，让更多人认识社区环保的重要性。在此过程中，学生体验到劳动的快乐和成就感，树立了环保意识和公共服务意识。本项目属于服务性劳动，在四年级实施。

（四）项目准备

笤帚、簸箕、拖把、抹布

（五）项目评价

1.通过调查，能汇总、梳理出社区环保存在的问题，能够根据问题分析原因，找出对策。

2.积极参加"居民楼道打扫""社区大扫除""社区文明劝导"行动。

3.积极参加社区环保策划和宣传活动。

4.班级开展我为"环保树"添新绿活动。

（六）项目实施（实施建议＋课时案例）

1.实施建议

前期的调查以及社区环保的措施需要利用数学进行数据性分析和道法环保知识了解，尤其是在社区进行宣传时需要使用语言进行表达。

社区环保可以延伸到校园内，班级内当然在班级和社区

中进行不同程度的修改。

2. 课时案例：

※ 任务一：社区环保小调查

活动内容	活动实施建议	活动评价 （评价建议）
观看课件：观看社区环境对居民生活与健康的影响。	出示课件，引出环境和我们生活的联系。	评价：利用能力评价表中的观察和倾听量规进行评价。
讨论：这个小区的环境怎样？	组织讨论并交流"哪些地方属于小区的公共区域？"引导学生讨论公共区域环境怎样？是否存在安全隐患或影响居民生活的事物。	评价：使用表达、能力量表对学生过程中的表达重点进行评价。
交流讨论： 1. 准备调查哪些方面的问题。 2. 开展相关活动，还需要做好哪些准备。	楼道是否干净、消防通道是否通畅、垃圾分类、花园、社区广场是否整洁、是否存在噪声污染……建议每个小组从中选择1-2项内容作为调查内容。	评价：使用表达、能力量表对学生观察、了解是否全面过程进行评价。
制订计划	针对自己小组选择的调查内容，制定调查计划（选择合适的调查方式、进行小组分工、设计调查表）。 可以实地考察、咨询居委会工作人员和社区居民、发放问卷等。	评价：针对于学生的表达和展示评选最优方法和优秀小组。

续表

活动内容	活动实施建议	活动评价（评价建议）
课后调查：完成调查表	根据制定的计划进行调查，完成调查表。	评价：使用活动评价量表中的资料收集整理进行评价。
调查反馈：开展社区环保调查交流会	交流并记录。每个小组将调查情况进行汇总、梳理。（满意的地方；存在的问题；分析原因、危害；提出建议或对策）	评价：使用能力评价量规以及活动评价量规进行评价，着重于小组合作、表达质疑方面。
评价分享：调查中的收获	大家对社区环境感受最深刻的是什么？在调查的过程小组内的小伙伴表现如何？组内同学是如何进行配合开展调查的？	评价：使用劳动素养评价量规对于活动开展过程中劳动素养、能力等进行总体的分析以及总结。
拓展创新：确定新的调查方向	围绕社区环保，确定新的调查主题，和小伙伴一起去开展调查研究。	评价：使用劳动评价量规对于活动做好互动拓展以及反思，为后续的其他活动开展做好准备。

※ 任务二：社区环保我参与

活动内容	活动实施建议	活动评价
思考讨论：为了让我们居住的社区环境变得更加美好，同学们能做些什么呢？	小组交流，说出社区环境存在的问题，并记录下来。 针对以上问题，说说本组同学打算如何解决以上社区环境问题。	评价：能力评价量规中的质疑、表达、思考方面进行评价。
劳动实践：整理交流结果，形成行动指南，分组开展环保行动	行动一：居民楼道我打扫 （1）清理楼道杂物。把堆在楼道内的杂物清理后，将楼道打扫干净。 （2）清扫墙面、地面。清理墙面灰尘，要做好防护；清扫地面时可以先洒少许水，再用半湿的拖把擦干，但是要注意不能把地面弄得太湿，以防滑倒。 （3）擦拭楼梯扶手。擦拭时要按照一定的顺序，并注意安全。 行动二：参加社区大扫除 （1）清扫道路落叶，及时倒入垃圾箱。 （2）捡拾社区道路上的零星垃圾及石子、石块。 （3）擦拭社区公共设施。 （4）清除绿化区域内的杂草。 行动三：文明劝导我行动 对不文明行为进行劝导，除了注意文明礼仪，还要动之以情晓之以理，向对方说明自己的意图；当劝导遇到困难时，我们要灵活应变，避免正面冲突，必要时可以寻求社区管理部门或家长的帮助。	评价：使用能力、活动评价量表中活动前、活动中和活动后的评价量规进行细致评价，并且针对于活动中出现的问题及时进行记录，作为活动开展过程中的资料收集。

活动内容	活动实施建议	活动评价
评价分享： 1.你整理的楼道是否干净、整洁。 2.在劳动实践中，你遇到了困难是如何解决的。	1.请邻居参观评价楼道是否干净、整洁。 2.分享自己是如何解决实践中的困难。	评价：活动结束后，利用活动总体评价表进行评价。
拓展创新：维护社区环境。	寻求社区工作人员的帮助，利用公共信息平台定期发布社区环保动态，评选文明家庭、最美楼道、优秀楼长等。	评价：使用活动评价量表对于整个活动进行评价。

任务三：社区环保我宣传

活动内容	活动实施建议	活动评价
探究交流： 1.开展社区环保宣传活动有哪些方式。 2.什么样的环保宣传方式让活动效果更好。	1.组织学生讨论、交流，总结有哪些常用的环保宣传方式。如：知识竞赛、环保知识讲座、文艺汇演等，或是在社区公告栏张贴环保海报、发放环保倡议书、环保宣传册等。 2.以小组为单位进行讨论，选用什么样的宣传方式效果更好。	评价：使用能力评价量表针对于表达、思考等方面进行评价。

活动内容	活动实施建议	活动评价
劳动实践：组成环保宣传小队，确定宣传方式，做好宣传方案并宣传。	1.组建环保宣传小队。根据个人爱好和特长组建环保宣传小队。 2.完成环保宣传策划。小组讨论环保宣传策划，合作完成《社区环保宣传计划》。 3.社区环保宣传行动。小组分工合作，按照计划开展宣传活动。做到主题突出，活动新颖，有说服力。	评价：使用活动评价中的小组合作以及小组分工对于成员进行评价，对于小组进行评价。
活动分享：分享收获和感受。	学生分享自己做环保宣传时的收获和感受。	评价：使用劳动、活动、能力三个评价量表中的量规进行总体评价，尤其是对于素养提升、能提高方面。
课后拓展：征集"社区环保金点子"。	在社区开展"社区环保金点子"征集活动，总结交流社区环保的好做法、好经验、好典型等，宣传这些"金点子"。	评价：使用活动评价量表对于整个活动进行评价。

任务四：参与环保我快乐

活动内容	活动实施建议	活动评价
学生交流：交流收获感悟和需要改进的地方	1.组织学生说说活动的感悟与收获。 2.组织学生思考值得改进的地方。	评价：使用能力评价量表针对于学生过程的指标进行评价。
小结反馈：表扬亮点，改进不足	对整个活动进行小结，对活动中的亮点进行表扬，对不足之处提出建议。	评价：使用能力评价量表针对于学生过程的指标进行评价。
"环保树"活动：每天为社区环保做一件好事	组织活动：完成"社区环保每日行"活动。 活动要求：每个小组成员每天为社区环保做一件好事，将事迹写在树叶便签上，粘贴在教室的"环保树"上。	评价：使用劳动素养评价量表、能力评价量表对劳动观念、能力、精神进行评价。

评价量规：

劳动素养评价量表

评价内容	参考性评价指标			评价方式		
	☆	☆☆	☆☆☆	自评	互评	师评
劳动观念	在老师和家长的帮助下，能够参与劳动实践，喜欢劳动，参与劳动。	在老师和家长额帮助下，能够参与劳动实践，比较喜欢劳动，能够主动参与劳动。	能够自觉参与劳动实践，非常喜欢劳动，积极参与劳动。			

续表

评价内容	参考性评价指标			评价方式		
	☆	☆☆	☆☆☆	自评	互评	师评
劳动能力	能够掌握基本了解公益劳动的需求，能够在老师的帮助进行公益劳动。	能够掌握了解公益劳动的需求，能够在老师的帮助下进行公益劳动。	能够掌握收集信息和感知野菜，能够进行公益劳动，并可以进行流利大方的表达。			
劳动精神	基本能够做到不怕苦，不怕累。	能够做到不怕苦，不怕累，勤俭节约。	能够做到不怕苦，不怕累，勤俭节约，追求创新。			

能力评价量表

评价内容	参考性评价指标			评价方式		
	☆	☆☆	☆☆☆	自评	互评	师评
善于倾听	能做到安静、认真地倾听老师的讲解。	不但认真倾听老师讲解，同学发言也能做到安静有序。	在安静倾听的基础上能提出自己的疑问。			

续表

评价内容	参考性评价指标			评价方式		
	☆	☆☆	☆☆☆	自评	互评	师评
积极表达	每节课能主动在小组或全班发言1-3次。	被小组推荐发言且讲述有理有据。	能够针对别人的观点提出意见或者发表不同的能给他人带来启发的观点。			
乐于思考	能在老师的指导、同学的启示下，思考问题、解决问题。	主动思考活动中出现的问题，能通过小组合作解决问题。	不但能够思考活动中出现的问题，还能主动提出问题、解决问题。			
小组合作	能虚心听取别人意见，完成自己分担的任务。	能积极参与讨论，能与他人友好合作，有成功感。	不但自己能完成任务，还能协助、指导其他成员。			
学会审美	能够在老师的指导下，选出优秀小组。	通过小组合作，能在小组同学启发下多角度评价活动。	能够发现活动过程的优缺点，并能进行自我改善。			

活动评价量表

评价内容	参考性评价指标			评价方式		
	☆	☆☆	☆☆☆	自评	互评	师评
活动参与	能按照老师要求参与活动。	积极参与活动，并能在活动中质疑思考。	积极参与活动，并在活动中之一考虑、想象创新。			
小组合作	能虚心听取别人意见，完成自己分担的任务。	能积极参与讨论，能与他人友好合作，有成功感。	不但自己能完成任务，还能协助、指导其他成员。			
解决问题能力	能解决问题，但方法很麻烦。	能想到简单方法解决问题。	能利用多种方法解决问题，并能择优选择最巧妙的方法。			
所及资料和调查能力	能在同伴帮助下完成资料收集和调查。	能独立完成资料搜集和调查。	独立完成资料搜集和调查，并能进行总结和分析。			

◎ **项目二：我是校园小主人**

（一）项目情境

校园是我们学习和生活的重要场所，干净、有序、美丽的校园环境需要我们每个人去维护。作为校园的小主人，我们都应该发扬主人翁精神，积极参与校园清洁、校园环境美化、校园执勤等劳动中来，用双手让我们的校园变得更美好。

（二）项目目标

（1）通过实地考察，了解学校的卫生区，能够科学地划分卫生区，并能根据不同卫生区的特点，选择合适的卫生工具。通过实践劳动，感受劳动的艰辛，体验劳动的快乐。

（2）协助分管老师维持校园的进出秩序、路队及楼梯秩序的管理监督，宣传文明的行为规范，监督同学们的日常在校行为习惯。

（3）通过美化校园环境和培养学生美化、绿化环境的意识，提高学生热爱校园的热情，增强学生通过劳动美化学校环境的观念。

（4）在参与校园活动中，增强学生的主人翁责任感，提高学生的文明素养，从身边的小事做起，为学校的优美环境做一些力所能及的事。

（三）项目描述

本项目结合五年级学生的生理特点，通过实地考察、交流讨论、劳动实践等方式，开展校园卫生清洁、校园执勤、修剪绿化校园等活动，充分发扬学生的主人翁精神，通过完成校园劳动，提高学生劳动能力的同时，引导学生感受劳动的艰辛，体验劳动的快乐，逐步形成良好的卫生习惯，增强集体荣誉感。本项目属于校园集体劳动，在五年级实施。

（四）项目准备

1.卫生工具。（抹布、拖把、扫帚、笤帚、簸箕、垃圾袋、塑胶手套等）。

2.园艺剪、手套、彩笔、卡纸、剪刀、双面胶等。

（五）项目评价

1.能够科学划分卫生区，能选择合适的工具进行打扫。能够团结合作完成卫生任务。

2.能够合理分工，监督校园的纪律，保证校园的秩序。

3.能够正确使用修枝剪，设计简单的警示牌。

（六）项目实施（实施建议＋课时案例）

1.实施建议

学科融合：在校园中划分卫生区利用的数学知识进行面积以及百分数的计算；美化环境需要美术工具以及语文，需要做好设计图纸和策划方案，征求大家的意见进行完善。

校内外：劳动课程我是校园小主人的实施对于迁移应用在班级事物中，在参与劳动过程中的内容也可以用在班级的维护中，班级可以做得更干净整洁，同类可以使在功能室开展；在社会中可以迁移到社区中开展我是社区小主人等活动，在参与活动的过程中增强社会责任感。

文化：在开展劳动之前进行主题班会的开展，明确需要做的内容以及标准，制作一份班级卫生值日表，按照值日表实施，跟进评价机制评选最优秀的小组或者个人。学生在美化环境的照片或者过程性资料在后黑板进行展示。

2. 课时案例:

任务一: 清洁校园我出力

活动内容	活动实施建议	活动目的
校园卫生我划分 实地考察，课前带领学生参观校园。 出示学校平面图。	实地考察，了解校园的各个区域；出示平面图，交流讨论学校"如何科学地划分卫生区"。	评价：使用能力评价量表中的倾听、表达等方面进行评价。
校园清洁我思考 出示各个卫生区的照片（教室、甬路、走廊和楼梯、操场） 讨论交流：打扫这些卫生区域，需要准备哪些卫生工具？ 课件：出示卫生区域清洁标准。 讨论交流：如何对这些卫生区域进行清洁？	出示表格，讨论并填写"不同卫生区域需要使用的卫生工具"。 讨论并分享：如何依据不同卫生区域的特点进行清洁。	评价：使用能力评价量表中的倾听、表达等方面进行评价，着重于学生的思考质疑方面。
卫生清洁我分工 根据各个卫生区的工作量合理分配人数，明确组内分工并交流应该注意安全的问题。	组织讨论：自主选择卫生区，小组讨论，按照工作量合理分配人员，并讨论应该注意的安全问题。 总结归纳：分工要点和安全问题。	

活动内容	活动实施建议	活动目的
清洁校园我出力 实践体验：小组长带领小组成员到自己选择的卫生区进行大扫除。	以小组为单位进行卫生清洁。	评价：小组合作进行评价。
出示评价表：以小组为单位进行小组评价。	小组评价。 2.布置课后任务：课后小组为单位用自己的方法清洁室外特色文化墙、文化长廊、壁画等区域。	评价学生表现。
学生交流：交流收获感悟和需要改进的地方	组织学生说说活动的感悟与收获 2.组织学生思考值得改进的地方	评价：使用能力评价量表中的倾听、表达等方面进行评价。
小结反馈：表扬亮点，改进不足	对整个活动进行小结，对活动中的亮点进行表扬，对不足之处提出建议	评价：使用能力评价量表中的倾听、表达等方面进行评价。
雏鹰争章（自理章）活动：校园卫生小天使	组织活动：完成"校园卫生小天使"活动 活动要求：不乱扔垃圾，能够维护好校园卫生。	评价：利用活动评价量表针对整个活动进行评价。

任务二：校园执勤我参与

活动内容	活动实施建议	活动评价
校园督查我先行 实地考察，带领 学生参观校园。 出示学校平面图。	实地考察，了解校园的各个 区域；出示平面图，交流讨 论：在哪些区域设置监督岗 位？	评价：使用能力评 价量表中的倾听、 表达等方面进行评 价。
校园执勤我出力 教室、甬路、走 廊和楼梯、操场 讨论交流：执勤前 需要哪些准备？ 讨论交流：执勤过 程中要特别注意 哪些问题？	出示表格，讨论并填写"校 园设置的不同执勤岗位不同 的标准"。 讨论并分享：	评价：使用能力评 价量表中的倾听、 表达等方面进行评 价。
校园执勤我分工 根据学校的各个 区域面积合理分 配人数，明确组内 分工。并交流应该 注意安全的问题。	组织讨论：自主选择，小组讨 论，按照执勤面积及活动人 数合理分配人员，并讨论应 该注意的安全问题。 总结归纳：分工要点和安全问 题。	评价：使用能力评 价量表中的倾听、 表达等方面进行评 价，活动评价量表 的小组合作方面， 小组互评。
校园执勤我先行 实践体验：小组长 带领小组成员到 各自的岗位进行 监督。	以小组为单位进行督查。	评价：使用能力评 价量表中的倾听、 表达等方面进行评 价。

活动内容	活动实施建议	活动评价
出示评价表：以小组为单位进行小组评价。	小组评价。 2.布置课后任务：执勤过程中，你有什么收获？用日记、图画等形式分享自己的执勤体验及心得。	评价：使用能力评价量表中的倾听、表达等方面进行评价。

任务三：校园活动我策划

活动内容	活动实施建议	活动评价
校园美化我先行 实地考察，带领学生参观校园各处的绿化情况、查找校园中哪些地方存在安全隐患。 出示学校平面图。	实地考察，了解校园的各个绿化区域；出示平面图，交流讨论：哪些区域的绿化植物需要修剪整形、哪些地方存在安全隐患，需要设计张贴安全提示牌。	评价：使用能力评价量表中的倾听、表达等方面进行评价。
校园美化我出力 操场边、教学楼前的冬青长高了，需要修剪。 讨论交流：修剪冬青应该注意哪些问题 讨论交流：如何让给冬青进行整体造型？	后勤老师负责讲解示范、强调修剪时需要注意用剪刀的安全以及如何对冬青的整体造型。 讨论并分享：	评价：使用能力评价量表的倾听、表达等方面进行评价。

续表

活动内容	活动实施建议	活动评价
校园美化我分工 小组分工 1.校园植物修剪 制作校园提示牌 设计校园文化墙 根据任务合理分配人数,明确组内分工。并交流应该注意安全的问题。	组织讨论:自主选择,小组讨论,按照动手动脑制作合理分配人员,并讨论应该注意的安全问题。 总结归纳:分工要点和安全问题。	评价:使用劳动评价量表中的劳动的素养、能力等方面进行评价。
校园美化我能行 实践体验:各小组长带领小组成员到各自的区域进行实践劳动。	以小组为单位进行督查。	评价:使用能力评价量表中的倾听、表达等方面进行评价。
出示评价表:以小组为单位进行小组评价。	小组评价。在美化校园的活动中,遇到哪些问题,积累了哪些经验? 2.布置课后任务:开展"我的校园我做主"活动,征集校园主题活动标志,并设计评选奖项及颁发获奖证书。	评价:学生参与活动的表现。

任务四：校园美化我献策

活动内容	活动实施建议	活动评价
确定小组活动内容	按照学生意愿进行分组，确定小组想要进行的志愿者服务项目。 2.分组后按照指定老师给出的活动范围，认真制定策划方案。	评价：使用能力评价量表中的倾听、表达等方面进行评价。
小组评比	后勤老师评比校园植物修剪优胜组。 美术老师来指导评比校园提示牌制作优胜小组 评选校园文化墙设计优胜小组。	评价：使用活动能力表进行整体评价，并且结合评价表进行小组展评。
校园美化招募	校园文化墙招募主题设计确定每个年级的不同主题	评价：使用能力评价量表的审美量规进行评价。

评价量规：

劳动素养评价量表

评价内容	参考性评价指标			评价方式		
	☆	☆☆	☆☆☆	自评	互评	师评
劳动观念	在老师和家长的帮助下，能够参与劳动实践，喜欢劳动，参与劳动。	在老师和家长额帮助下，能够参与劳动实践，比较喜欢劳动，能够主动参与劳动。	能够自觉参与劳动实践，非常喜欢劳动，积极参与劳动。			

续表

评价内容	参考性评价指标			评价方式		
	☆	☆☆	☆☆☆	自评	互评	师评
劳动能力	能够掌握基本了解公益劳动的需求,能够在老师的帮助进行公益劳动。	能够掌握了解公益劳动的需求,能够在老师的帮助下进行公益劳动。	能够掌握收集信息和感知野菜,能够进行公益劳动,并可以进行流利大方的表达。			
劳动精神	基本能够做到不怕苦,不怕累。	能够做到不怕苦,不怕累,勤俭节约。	能够做到不怕苦,不怕累,勤俭节约,追求创新。			

能力评价量表

评价内容	参考性评价指标			评价方式		
	☆	☆☆	☆☆☆	自评	互评	师评
善于倾听	能做到安静、认真地倾听老师的讲解。	不但认真倾听老师讲解,同学发言也能做到安静有序。	在安静倾听的基础上能提出自己的疑问。			

评价内容	参考性评价指标			评价方式		
	☆	☆☆	☆☆☆	自评	互评	师评
积极表达	每节课能主动在小组或全班发言1~3次。	被小组推荐发言且讲述有理有据。	能够针对别人的观点提出意见或者发表不同的能给他人带来启发的观点。			
乐于思考	能在老师的指导、同学的启示下，思考问题、解决问题。	主动思考活动中出现的问题，能通过小组合作解决问题。	不但能够思考活动中出现的问题，还能主动提出问题、解决问题。			
小组合作	能虚心听取别人意见，完成自己分担的任务。	能积极参与讨论，能与他人友好合作，有成功感。	不但自己能完成任务，还能协助、指导其他成员。			
学会审美	能够在老师的指导下，选出优秀小组。	通过小组合作，能在小组同学启发下多角度评价活动。	能够发现活动过程的优缺点，并能进行自我改善。			

活动评价量表

评价内容	参考性评价指标			评价方式		
	☆	☆☆	☆☆☆	自评	互评	师评
活动参与	能按照老师要求参与活动。	积极参与活动，并能在活动中质疑思考。	积极参与活动，并在活动中之一考虑，想象创新。			
小组合作	能虚心听取别人意见，完成自己分担的任务。	能积极参与讨论，能与他人友好合作，有成功感。	不但自己能完成任务，还能协助、指导其他成员。			
解决问题能力	能解决问题，但方法很麻烦。	能想到简单方法解决问题。	能利用多种方法解决问题，并能择优选择最巧妙的方法。			
所及资料和调查能力	能在同伴帮助下完成资料收集和调查。	能独立完成资料搜集和调查。	独立完成资料搜集和调查，并能进行总结和分析。			

◎ **项目三: 校园公益我行动**

（一）项目情境

"生活即教育，劳动实践，给孩子幸福生活的能力"。为提升学生的劳动技能，培养学生的劳动意识，在学校发出我是小小志愿者活动的倡议后，各班积极响应，在老师的指导下，学生有序进行志愿服务体验活动。

（二）项目目标

1. 初步体验简单的现代服务业劳动，初步形成公共服务意识。

2. 在体验不同服务志愿活动中，掌握一种劳动技能，感受劳动服务的辛苦与光荣。

3. 形成关爱他人、积极参与社区建设的劳动意识和能力，增强公共服务意识，初步形成社会责任感，形成诚实劳动、合法劳动的意识。

（三）项目描述

本项目结合低学段的学习，在形成学生的主人翁责任感，从身边的小事做起，从自身做起的好习惯的基础上，通过小小志愿者这一服务活动，在潜移默化培养学生劳动技能、养成劳动习惯的同时，让孩子们体会到劳动带来的快乐与满足。

（四）项目准备

1. 学生准备：口罩、头套、一次性手套

2.教师准备：餐盘、餐具、围裙、奖状、多媒体、志愿服

（五）项目评价

1.掌握小帮厨基本、运动会志愿者以及小小解说员的基本技能。

2.在劳动过程中学会自我管理、团队合作，养成良好的劳动习惯，塑造基本的劳动品质。

3.进一步增强公共服务意识，提升以自己的劳动创造美好生活的社会责任感。

（六）项目实施（实施建议＋课时案例）

1.实施建议

意大利教育家蒙台梭利提出"实践是最好的老师"教育思想。他形象地解释道："一件事，我听到了，随后就忘；看到了，也就记得了；做了，便很自然地理解了。"对于小学生来说，听到的容易忘记，看到的记忆不深，只有亲身实践和体验到的才刻骨铭心，终生难忘。在三次体验探究活动中，这些与学生的实际生活联系紧密，能使儿童感受到现在所做之事对于现实生活的实际意义，引发思维转变，当然这不是一日之功，可以通过这样的活动固化学生已有的品质。

2.课时案例

任务一：我是运动会志愿者

活动内容	活动实施建议	活动目的
志愿者知识我了解	1. 搜集资料、个人借助网络查阅资料、向他人询问等方法，了解志愿者的相关知识。 2. 交流分享志愿者是指志愿贡献个人的时间及精力，在不为任何物质报酬的情况下，为改善社会服务，促进社会进步而提供服务的人。参与志愿工作，既是在帮助他人、服务社会，同时也是在传递爱心和传播文明。 3. 观察思考哪些地方需要志愿者	引起学生对志愿者的兴趣。
志愿者活动我策划	1. 确定服务方向 2. 活动方案策划 3. 设计小组标志	同学们按照意愿进行了分组，组内讨论，确定了小组的名称以及想要进行的志愿者服务项目。
志愿服务我能行	运动会志愿图书管理餐厅服务小小宣讲	明确具体服务内容和类型
运动会志愿者	尝试做一名运动会志愿者	通过一些系列的活动，增加学生信心，愿意投身到志愿者服务岗位上去。
志愿活动我收获	认真倾听，大胆表达。	同学们对志愿者服务有了新的认识，也收获了许多新的知识。

评价量表

评价内容	参考性评价指标			评价方式		
				自评	互评	师评
实践岗位						
实践体会						

任务二：我是餐厅小帮厨

活动内容	活动实施建议	活动目的
小帮厨岗大调查	1. 每位学生都要亲自走进餐厅进行调查。 2. 教师要提前知晓指导方法、路径、原理，做好系统研究。 3. 教师事先对学生进行文明礼仪及安全的教育。 4. 教师提前和餐厅工作人员进行沟通，确定调查时间。	针对学生参与的可行性设计此环节，学科可以在真实情景中自主探索解决问题。
体验餐厅小帮厨	1. 制定一份一天的校园餐厅服务计划，进行一周的餐厅服务体验。学生提前熟悉计划表的内容。 2. 提前好分组，做好和餐厅工作人员的对接。 准备好小帮厨岗位的工具。 3. 教师事先对学生进行文明礼仪及安全的教育。	了解小帮厨岗位的工作要求，掌握一种小帮厨的劳动技能，感受劳动服务的辛苦与光荣。体验是感知的前提，学生可以在亲历体验中更好地实现感性到理性演变的过程，为下阶段的主题汇报奠定基础。

续表

活动内容	活动实施建议	活动目的
完成一次主题汇报	按要求完成一次主题汇报 1. 人人参与，大胆发言。 2. 教师提前制定好主题汇报的要求。明晰小组合作要求。	提升表达能力，增强对劳动带来快乐的认同感。主题汇报可以帮助学生把小帮厨志愿劳动实践体验内化为对劳动带来快乐认同的情感体验，深化热爱劳动的精神品格

评价量表：

1. 小帮厨志愿服务计划表

我们团队的名称	
我们的成员	
我们选择的小帮厨岗位	A. 分餐　B. 加餐　C. 分餐具　D. 摆餐盘 E. 维持秩序　F. 收拾卫生
我们选择的理由	
我们组内的分工	
我们参与小帮厨服务的时间	A. 周一中午 B. 周二中午 C. 周三中午 D. 周四中午 E. 周五中午
我们要做的事情	
我们应该注意的事项	

2. 小帮厨岗位工作评价表

岗位	小帮厨岗位工作评价指标		
	新手小帮厨	骨干小帮厨	卓越小帮厨
分餐	能完成基本的分餐。	按需分配，不浪费。	分餐有序，熟悉同学需求。
加餐	能完成基本的加餐。	按需加餐，不浪费。	按需加餐，不浪费，加餐速度快。
分餐具	能完成基本的餐具分发。	协助不方便自己拿餐具的同学	能处理餐具短缺等紧急状况。
摆餐盘	餐盘摆放不够整齐。	餐盘整齐有序摆放。	餐盘整齐有序摆放，并能清理干净餐余。
维持秩序	保持安静	保持安静，间隔一米。	保持安静，间隔一米，戴好口罩。
收拾卫生	清理干净桌面	清理干净桌面、凳子面。	清理干净桌面、凳子面、地面

3. 主题汇报评价表

评价内容	主题汇报评价指标		
	一星	二星	三星
内容陈述	汇报内容与本次小帮厨关联性较少。	与小帮厨相关，内容丰富。	与小帮厨相关，内容丰富且有层次性。

评价内容	主题汇报评价指标		
	一星	二星	三星
语言效果	表达含糊、不清晰，表情呆滞。	表达较准确，较清晰。	表达准确、清晰，表情恰当，富有感染力。
情感表达	缺少自己参与体验中真实情感表达。	基本表达出参与小帮厨的感受。	结合具体小帮厨体验表达，情感丰富且真挚，引起共鸣。
仪态举止	汇报精神不佳，衣冠不整。	站姿不到位，不注重上下台礼仪。	精神饱满，服装整洁，注意站姿，上下场致意、答谢等

任务三：我是红领巾宣讲员

活动内容	活动实施建议	活动目的
读图分析	1. 建立理性数据与感性认知之间的联系。 2. 学生分析停留在浅层面，只能单一的看数据。 3. 适当提醒、鼓励和引导，伙伴进行补充	发现问题，激发兴趣，解决问题。

活动内容	活动实施建议	活动目的
体验红领巾宣讲员	指导宣讲方法 方法： 1. 集中练习法 2. 间隔练习法 3. 多样化练习法。	亲身体验，激发学生爱讲乐讲的兴趣，养成善于倾听、乐于表达与团结合作的良好习惯。
感受榜样力量	引导感受榜样力量 方法： 1. 播放视频。 2. 引导谈感受 3. 用身边榜样引领。 要求：全员参与、表达分享、认真倾听。	播下爱党爱国爱家乡的种子，激发以实践行动报效祖国的热情。

评价量表：

支架一：小组合作要求

成员	分工
1号	小组长：
2号	纪律监督员：
3号	交流分享（轮流制）：
4号	展示（推选）：
5号	抽签员：

支架二：学习要求支架

1	倾听他人发言	①听取发言要专心； ②努力听懂别人的发言，边听边思考，记住要点，并考虑他说的话是否符合实际，有没有道理； ③别人发言时不随便插嘴打断，有不同意见，要耐心听别人说完后再提出来； ④听人发言如有疑问，请对方解释说明时，要用礼貌用语，如"是否请你"或"你是不是可以"； ⑤学会站在对方的立场考虑问题，体会别人的看法和感受。
2	讨论问题	①发言围绕讨论中心，不东拉西扯； ②谈看法要有依据，能说清理由； ③语言表达力求清楚明白； ④别人提出疑问时，要耐心解释，态度友好。
3	自律自控	①服从组长安排； ②小组讨论时，有序发言，声音要适当，不影响其他小组学习，不讲与学习无关的内容； ③服从组内大多数人的意见，个人意见可保留，但应到课后再跟老师和同学交换意见。

支架三：评价支架

评价内容	评价指标		
	一颗星	二颗星	三颗星
语言效果	发音含糊，吐字不清晰，表情呆滞。	发音较准确，吐字较清晰，面无表情，缺乏感染力。	发音准确，吐字清晰，表情恰当，富有感染力。
动作设计	表达基本自然，动作较少。	表达较为自然大方，动作设计合理。	表达自然得体，动作恰当。
情感表达	语言缺少节奏感，没有感情	语言节奏鲜明，基本有感情。	语言节奏优美，富有感情。
仪态举止	精神不佳，衣冠不整	站姿不到位，不注重上下台礼仪。	精神饱满，服装整洁，注意站姿，上下场致意、答谢等
创造性	完全照搬	有部分自己的改动	能够将自身感受较好地融入文稿

支架四：学习资源支架

荣成英雄人物	主要事迹
郭永怀	山东省荣成市滕家镇西滩郭家村人，著名应用数学家、空气动力学家，中国近代力学事业奠基人之一。1968年12月5日，郭永怀从青海试验基地赴北京汇报，乘坐飞机失事，在生命最后一刻，他与警卫员紧紧抱在一起，用血肉之躯、用自己的生命保护住了国家重要科研资料，时年59岁。1999年，郭永怀被党中央、国务院和中央军委授予"两弹一星功勋奖章"。

荣成英雄人物	主要事迹
沈秀芹	山东省荣成市俚岛镇（原马道镇）国家村人，她一心扑在集体上，被称为"铁脚姑娘"。在艰难的岁月里，她不知疲倦地为国为民。1970年1月1日，埠柳供销社的土制炸药库突然失火，附近是堆满柴油、炸药、木材的仓库。沈秀芹闻讯赶到现场，毫不犹豫地和众人一起投入抢险救火。大火终于扑灭，她却因严重中毒抢救无效而牺牲。她为抢救国家财产，献出了壮丽的青春，时年仅有29岁。
张积慧	共和国卫士，抗美援朝一级战斗英雄。1927年出生在山东荣成，1945年参加八路军，24岁时参加志愿军，担任空4师第12团3大队大队长。他用一腔热血书写了不朽的空战传奇。在抗美援朝空战中，他先后击落敌机4架。1952年2月10日，击毙美"空中英雄"、喷气机"王牌驾驶员"乔治·戴维斯，从而打破了其不可战胜的神话。这场战斗让"联合国军"意志动摇，让美国空军陷入巨大沮丧，让美国国内反战情绪持续高涨，更让志愿军空军一跃迈入世界空军强者之列。
张晶麟	抗日战争时期，山东荣成的一位少年女英雄。1940年2月，年仅14岁的张晶麟加入了本村的妇女救国会，正式成为抗战的一份子。1941年4月，张晶麟调到峨石乡任自卫团团部当干事，成了一名年龄最小的抗日女战士。不久，日伪军计划在虎础寺设据点，妄图摧毁我抗日根据地。为不让日寇得逞，峨石乡委员会组织附近群众拆除虎础寺。1941年9月18日拂晓，张晶麟正带领群众拆庙，日伪军突然把虎础寺包围了。张晶麟急忙指挥群众撤离，而她却走在最后，结果被日伪军抓住。日寇对她施以几十种酷刑，问她自卫团情况，她怒视日寇、绝不泄密，被残忍杀害，年仅15岁，是一位刘胡兰式的抗日小英雄。